大众传

大众汽车80年品牌故事

[德] 马蒂亚斯·罗克　　[德] 蒂尔·罗克◎著

胡文菁　孟鼎博◎译

浙江人民出版社

图书在版编目（CIP）数据

大众传：大众汽车80年品牌故事 / (德) 马蒂亚
斯·罗克, (德) 蒂尔·罗克著；胡文菁, 孟鼎博译.
— 杭州：浙江人民出版社, 2021.9
　　ISBN 978-7-213-10209-7

　　Ⅰ. ①大… Ⅱ. ①马… ②蒂… ③胡… ④孟… Ⅲ.
①汽车企业－工业企业管理－德国 Ⅳ. ①F451.664

　　中国版本图书馆CIP数据核字（2021）第132101号

大众传：大众汽车80年品牌故事

[德] 马蒂亚斯·罗克　　[德] 蒂尔·罗克 著　　胡文菁　孟鼎博 译

出版发行：浙江人民出版社（杭州市体育场路 347 号　邮编：310006）
　　　　　市场部电话：（0571）85061682　85176516
责任编辑：方　程　何英娇
营销编辑：陈雯怡　陈芊如　赵　娜
责任校对：王欢燕
责任印务：刘彭年
封面设计：新艺书文化有限公司
电脑制版：济南唐尧文化传播有限公司
印　　刷：北京阳光印易科技有限公司
开　　本：787 毫米 ×1020 毫米　1/16　　　印　　张：18
字　　数：272 千字　　　　　　　　　　　插　　页：2
版　　次：2021 年 9 月第 1 版　　　　　　印　　次：2021 年 9 月第 1 次印刷
书　　号：ISBN 978-7-213-10209-7
定　　价：128.00 元

如发现印装质量问题，影响阅读，请与市场部联系调换。

目录
CONTENTS

040 第二章
大众经典车型

206 第三章
崭新篇章——复古潮流和生活方式

250　第四章
世界各地的大众

第一章　大众往事

大众汽车：来自海外的灵感

流水线的履带缓缓启动，推动汽车行业迈入了新纪元。20 世纪初，从大洋彼岸的美国——消费主义世界的中心传来的机器轰鸣声，为大批量生产、销售汽车带来了无限可能。流水线昼夜运转，生产效率随之大幅提升。此刻，汽车产量达到了前所未有的高度。

自 1908 年投产以来，彼时的传奇汽车——福特"T 型车"，已经制造了15,007,033 辆，并从底特律的流水线驶向全世界。这一工业模式证明汽车可以在保证较高质量的情况下快速且廉价地生产。美国人的这一工业模式激起了欧洲人的斗志，尤其是工业蓬勃发展的英国和德国。这两个国家的汽车制造业当时冠绝欧洲，肯定不会甘居人后。

这样一套能大规模生产汽车，从而满足大多数潜在买家需求的工业模式，不仅激励了汽车厂家，也让消费者热血沸腾。20 世纪初，汽车还只是富人们的玩具，偶尔用于商业领域，真正走进千家万户的"大众汽车"在当时看来还是乌托邦式的幻想。

幻想被美国人变成了现实。"大众汽车"这一理念被争相报道。当时的新闻界、政界以及工业界都只有一个目标：制造出一款价格便宜、维护成本低廉，发动机效率可以不高，但要能够满足日常出行的"里程碑"式的汽车。20 世纪 20年代末至 30 年代初，一些企业巨头开发了一系列性能强大的小型车，拉开了制造大众汽车这一全球竞赛的序幕。当然，德国也不甘落后，一个计划周密且集结了大量资源的项目即将上马。

第一款大众汽车：费迪南德·保时捷的原型设计

1934 年，德国汽车工业协会委托费迪南德·保时捷开发"大众汽车"，保时捷很快就拿出了设计方案。因为之前经验丰富的保时捷已经就"大众汽车"这一理念钻研了很久，并与尊戴普公司和 NSU 汽车公司一起合作设计了第一辆原型汽车。后来，因尊戴普公司的开发费用高昂而停止了合作。

大众汽车已经在轮廓上有了一定的辨识度。站在 1937 年大众原型车右边的是费迪南德·保时捷。

尽管德国汽车工业协会下属的各家公司一致认为开发"大众汽车"这一项目非常重要，但是国家规定的限价令它们头疼不已。当时德国政府规定，"大众汽车"的最高售价不能超过 990 马克。在那个原材料紧张、货币短缺的年代，这样的要求听起来简直是无稽之谈。但这一命令源自 1933 年上台的唯一执政党德国工人党（纳粹党）对人民的承诺，没有任何回旋余地。

"大众汽车"的 1938 年原型车停在费迪南德·保时捷的院子里。

　　之前由于缺乏现代化生产设备，其他汽车制造商们也一筹莫展。当时还没有引进大规模生产线，所以没有办法不间断地组装汽车。人们开始质疑是否要继续投资这一项目。基于成本估算，第一款面向市场推出的"大众汽车"售价约 1,500 马克。虽然这一数字已经是一个难能可贵的进步，但市场接受度依旧很低，大约仅有 8 万名潜在买家。

　　如果"大众汽车"的售价真的被费迪南德·保时捷降到 990 马克，一场腥风血雨的价格战必定一触即发。保时捷当时还不想卷入这种不愉快的竞争中，20 世纪 30 年代中期，他富有远见地找到了许多有耐心的投资者。这时仅仅依靠一辆原型汽车是不够的，他还要制造更多的原型汽车用于宣传展示。

　　随后，纳粹党创立了其官方工会组织"德意志劳工战线"，该组织在 1937 年创建了"德国大众汽车准备协会有限公司"，公司的宗旨一如其名。后来，这家公司更名为"大众汽车有限公司"（简称"大众"），新名称更加简洁，正是这家公司推动了这个庞大项目的开展。1938年起，新工厂的建造工作在法勒斯雷本——此地后来建立了闻名遐迩的沃尔夫斯堡市——有条不紊地进行。

　　同时在布伦瑞克也兴建了一座第二工厂。当法勒斯雷本的工作陷入停滞时，布伦瑞克的工厂能够继续进行生产。布伦瑞克工厂还承担了员工的基础培训工作。费迪南德·保时捷正式承担了这个官方名为"力量源于快乐之车"①的全民汽车的设计制造工作。

仅用于全德国范围内展示的1938年款甲壳虫。

　　汽车厂商必须遵守规定的990马克售价，但国家给的财政投资却经常有变动，这对保时捷来说是一个不小的挑战，所以费迪南德·保时捷采用了一种极具投机性的销售模式。当时大众汽车有限公司推出了一种所谓的储蓄邮票，面值5马克，每

---

　　①"力量源于快乐"为一个在纳粹德国时期负责管理度假和休闲活动的组织。

周发行一次。只要投资者购买的储蓄邮票面值超过 750 马克，就意味着该投资者的汽车购买订单已被确认。一段时间之后，汽车就会交付到投资者的手中——天知道到底会不会实现，因为当时只有少数用于展示的原型车。随着战火燃起，民用汽车的生产被搁置了。大众汽车工厂重组了生产线，开始为战争服务。

缥缈的希望：储蓄邮票是否真的会给大众带来"大众汽车"？

启动—暂停—重启的流水线：下萨克森州的底特律

大众的小型生产流水线还没运转多久，第二次世界大战的烽烟便已燃起。备受期待的全民汽车计划让位于武器生产。起初大众为空军服务，后来装配车间又开始生产起了军用汽车。但这一工作也对后来的民用汽车事业产生了深远的影响。

1940 年，德式吉普车问世了，它的出现革新了越野车的生产方式。在战争年代，德式吉普车的优秀设计影响了后来的大众车型。吉普车的斗式座椅可以保证在崎岖地形下获得更为稳定的乘坐体验，这一设计在包括"游泳车"等车型中都得到了沿用。

第一款投入量产的大众汽车：大众 82，又被称为德式吉普车 / 圆桶车。

德式吉普车的整体结构简单，适合快速操作、维修。凭借它的气冷发动机、715 千克的车身重量和 80 千米 / 小时的最高速度，德式吉普车成了司机们的宠儿。这一车型展现的优良素质，为大众汽车成为世界驰名的全能汽车打下了坚实的基础。

第二次世界大战期间，大众汽车的生产从未停歇。截至 1945 年 4 月，共计实现了 50,788 份订单，生产了 66,285 辆汽车。随着盟军的到来，军用汽车生产才告一段落。

多样化的大众汽车：大众 166 水陆两栖越野车，也就是著名的"游泳车"，该车型可以在水中达到 10 千米 / 小时的最高速度。

但大众汽车工厂并未停工，清理战争的瓦砾，生产又开始了。"大众汽车"这一理念传播到了全世界。同时，人们开始考虑在工厂周边建立一些民用设施来保障工人的生活，而且要越快越好。

在一片广袤的绿色牧场上，一座像底特律一般的城市拔地而起。这座城市的兴起有着里程碑一般的意义——意味着勤劳的人们可以通过自己的努力，购买一辆用途广泛的家用汽车。

　　然而，最开始摆在面前的问题不是快速实现机械化生产，而是能否复工。幸而英军没有花费很长时间考虑如何处置大众汽车工厂，很快就下令让工厂复工了。工厂的管理层也有着自己的考虑：汽车库存已经不足，要抓紧生产提高产能创造价值。

以新的名义启程

　　重新找到自己的道路，再次出发——乐观精神是米特尔兰运河畔的主旋律。旧时"法勒斯雷本旁——生产力量源于快乐之车的城市"在第二次世界大战后（战后）几周就被更名为沃尔夫斯堡，该名称源于工厂附近的同名城堡。这座中世纪的城堡在战火中屹立不倒，古老的护城河、文艺复兴式的建筑与旁边工业化的园区形成了鲜明的对比。

新的时代：英国人接管了汽车工厂。

好在英国人将恢复生产视作重中之重，工厂得以保全。

第二次世界大战后的欧洲原材料十分稀缺，幸而有着专门的政策支持，货物如流水一般源源不断地涌入下萨克森州。当时的德国，一切生产所需的材料都被严格管控，物资短缺的情况非常普遍。但是沃尔夫斯堡是个例外，在这里，即便是贵重钢材的配给也从未间断过。

材料甫一运抵沃尔夫斯堡，就被运往工厂继续加工。尽管车间厂房在战争中被轰炸殆尽，但工厂的机械设备都被及时疏散，逃过一劫。战火中唯一留存的是冲压车间，配合着保存下来的机器以及布伦瑞克的第二工厂，其战后产量达到了惊人的高度。

沃尔夫斯堡的生活与生产

沃尔夫斯堡工厂有着生产民用汽车和军用汽车的双重优势，最初"生产力量源于快乐之车"工厂的设计理念就是按照制造民用汽车的要求建造的，同时又配有独立的燃煤发电厂。第二次世界大战期间，此地遭受过多次大规模轰炸，在全城大停电的情况下，工厂依然能继续运作。

第二次世界大战后，沃尔夫斯堡人拥有了德式吉普车的知识产权。于是，他们结合 1939 年民用汽车的设计，开始了新的生产。尽管物资供应相对充裕，但偶尔也会碰到重要原料断供这一瓶颈问题。英国人最初满怀雄心壮志，设想自 1946 年 1 月起可月产 4,000 辆汽车，但在现实面前陷入了危机。

随后英方调整了产量计划，将产量大幅削减至每月 1,000 辆。在此之前，工人们和英方管理层还爆发过激烈的争执。工人们认为，除了原料供应，英国人还要为他们提供优质的伙食。因为缺乏充足的营养，没办法完成繁重的体力工作。

厂房之外的情况也不容乐观，几乎所有的物资都处于短缺状态。为了让自己的家庭有吃的，工人们要花上几个小时的时间去周边地区采购物资。在这种情况下，缺勤便成了家常便饭。

英国管理者最初设想产量至少要完成原计划的一半。整合了所有力量与资源后，设定了月产 2,500 辆的目标。然而他们发现，在最好的情况下也达不到这个目标。生产设备明显有着更高的产能，但战后第一年只能月产 1,000 辆汽车。

后来，英国人组织了一个保障工人权益的工会组织。这项措施非常有效，局势开始稳定了。同时也建立一些临时性的卫生居所。不过居所数目增长缓慢，没有办法保障大量工人的居住需求。永久性住房的建造也跟不上工厂的发展，很多员工家庭只能挤在临时搭建的板房里。

大众汽车工厂相对诱人的条件吸引了众多求职者，但也有些人对此不甚满意而选择离开，员工不足始终是一个大问题。新员工刚来就要接手老员工的工作，这不是良性的发展模式。

为了实现计划中的产能增长，英国人决定采取进一步的措施。

经济奇迹的筹备工作

值得肯定的是，大众汽车生产的外部环境逐步进入正轨。1945 年末，英国管理层开启了客户服务业务，并建立了专门的销售网络。工程师们接受了售后培训，经销商们也为未来的客户业务做好了准备。1946 年 2 月，一所专门培训为客户提供服务的员工学校成立了。

此时的大众，开始筹备各项销售和售后环节的基础工作。工程师们评估了各种故障报告后，第一部"操作说明"应运而生，保养和维修工作变得标准规范起来。自此，大众汽车与合作伙伴们建立了良好的关系网络，并直至今日依旧行之有效。

1946 年对大众是具有开创性意义的一年。第二次世界大战结束后的第一年，英国人在处理完德式吉普车和一些特殊设备的订单后，批准了民用汽车生产。尽管战后保障人类生存是第一要务，无法估计人们对汽车是否有需求，但私人小轿车还是在这样的环境下诞生了，机械化生产也在逐步推进。

当时美国汽车的产量冠绝全球，但英国人认为，随着战争的阴影逐渐退去，大众汽车可以在满足国内市场需求之余，出口到欧洲地区赚取一定的利润。

第一个里程碑：在十分艰难的条件下，第 1,000 辆大众汽车走下流水线。

　　沃尔夫斯堡的工厂还有很多事情要做。从汽车的生产到销售，有着太多需要调整的环节。只有设计师和销售商充分交流意见，才能实现稳步的发展。幸运的是，整个英占区有着良好的交流网络，许多细节就是借助这种交流网络的。1946 年 3 月，第 1,000 辆大众汽车走下了流水线。人们对这一成绩惊讶不已。但他们没有看到的是大众汽车背后的坚定信心和良好基础。大众汽车，即将驶向全世界。

　　像之前一样，大众仍由英国人管理运营，其销售策略主要服务于英国利益。英国人希望利用汽车出口赚取外汇，以改善自己备受打击的内政。这一想法并未损害随后成为德国国民品牌的"大众"的利益，因为在 20 世纪 40 年代英国人便为大众随后的崛起打下了基础。

　　生产精确度是必须要保证的。根据计划，产品形象也应从备受考验的军工用品转变为民用品。为保证生产，盟军撤销了其在战后对德国实施的限制措施——1946 年 10 月，4 万辆的汽车年产量限制便不复存在了。

世界舞台上的大众：野心勃勃的冷启动

　　1946 年的寒冬，大众遭到当头一棒：因为恶劣天气生产停止了。就算铁板和煤炭还算准时地被运到了工厂，严寒中生产设备也完全无法运转。不单单是沃尔夫斯堡，整个德国都被冻得发抖。直到 1947 年 3 月天气逐渐转暖，万物复醒后，汽车生产才终于重新开始。

　　1947 年夏季，刚刚制订出口计划后不久，工厂管理层和职工委员会又共同制定了企业规章制度。根据该制度，职工委员会被赋予了极大的权限，甚至连工厂内种植的蔬菜都由他们来分配。

甲壳虫的繁荣时代：仅在 1956 年就有 1 万辆大众汽车销往挪威。

　　专业的公司构架对大众有着由内而外的影响和深刻的烙印。终于，大众汽车如预先规划的一样，打入了国际市场。1947 年 8 月 8 日，大众终于与来自荷兰的汽车经销商本·彭恩（Ben Pon）签订了第一份出口合同。同年秋季，5 辆崭新的大众汽车跨越德荷边境抵达了阿默斯福特。

　　开始出口的信号枪一经打响，大众汽车就再也没有停下脚步。1948 年便有 4,500 辆大众汽车被运往国外。销售网络也在逐步扩张，继荷兰之后，瑞士、比利时、瑞典、丹麦、挪威和卢森堡的经销商们也与大众签订了合约。于

1948 年 6 月 20 日生效的德国货币改革也在经济层面上确保了交易的安全性。

　　第一个繁荣的时代就这样拉开了序幕。"德国制造"这一标语在那时便已成为德国产品的品质保证。全世界都注意到了来自沃尔夫斯堡的大众汽车。大众汽车比其他的出口汽车强太多：不仅有多种喷漆可供选择，大量的内饰也为驾驶增添了意想不到的时尚感。

　　此外，车身轮毂和保险杠上华丽的镀铬装饰也让大众汽车更具奢华气质。在一众深色系车型中，大众汽车轻松脱颖而出。一般来说，一流的制造工艺和迷人的设计感在车辆上难以和谐共存，但大众汽车是个例外，因此邻国的买主们对大众汽车尤为青睐。1948 年，荷兰进口了 1,820 辆大众汽车，位居购买者榜首；紧随其后的是瑞士的 1,380 辆；全年共有 4,385 辆大众汽车驶出了德国国境。次年大众汽车出口量攀升至 7,127 辆，约占全年总产量的 15%。

分期移交：大众转型为集团公司

　　在大众持续发展的同时，战争也在影响其发展。终于，英国占领军决定让大众独立。1949 年 10 月 8 日，大众被英国交予德国，并由新成立的联邦州——下萨克森州管理。大众独立的关键标志之一，是经验丰富的海因里希·诺德霍夫（Heinrich Nordhoff）成为大众的新任董事长。出身于欧宝汽车的他，在 1948 年就已在大众任经理之职。

海因里希·诺德霍夫站在大众全体员工前。

汽车产量仍在提速：直至 1949 年底，已有约 2 万辆汽车被生产出来并被运离工厂，其中 1/4 为出口车辆。随着经济的缓慢复苏，人们对消费品的需求也活跃起来。越来越多的人想拥有一辆属于自己的轿车。虽然汽车依旧那么昂贵，但是人们会为了自己的目标省吃俭用几年甚至十几年。这时，于 1949 年 7 月 1 日成立的"大众汽车贷款公司"便为私人购买者和代理商提供了极大的便利。

可办理贷款期限为 12 个月。值得一提的是，这是战后首次有公司向人们提供大额贷款。大众汽车潜在的买家非常欢迎这一政策，在最初的 5 年里，约有 1.5 万名顾客利用这一贷款政策购买了私人轿车。贷款公司也在逐步扩大自己的业务范围，后来，客户购买展示车或者零部件都可以使用贷款。

汽车的销量越好，配件就越丰富。有些最初设计十分简单但当时市场接受度很高的车型，也可以通过配件增添一份豪华感。一家名为赫布米勒（Hebmüller）的公司起草了一辆敞篷车设计图，并在 1949 年夏天准时上市敞篷车。敞篷车使人们耳目一新，这家公司很快便收到了 2,000 辆敞篷车的订单。可惜一场大火烧毁了公司的加工设备，只完成了几百辆敞篷车的生产。后来，车身设计公司卡尔曼（Karmann）与大众开始合作，并共同制造了首辆四座大众敞篷车。

20 世纪 50 年代的大众：周年纪念和业务拓展

每生产 10 万辆汽车，大众的员工们就可以获得一笔最高为 120 马克的奖金，自 1954 年起甚至可以拿到年薪的 4% 作为额外薪酬。大众甲壳虫——尽管当时它还不叫这个名字，那时已经名声响亮。没过多久就有新的车型问世了，1950 年 3 月 8 日，大众第一辆面包车被组装完成。被称为"二型厢式载货车"的新型大众面包车就此占领了许多公司和消防队的停车场。

有的人已经开始挖掘这种面包车在自己闲暇时间的用途了，例如，开着它去度假。开着自己的车去度假是许多德国人的梦想。有了可以用来度假的车，人们就可以轻轻松松地开着去自己神往的度假胜地意大利了。与此同时，日常生活的方方面面也因为有了汽车而更加便捷。汽车的发展让整个社会都受益匪浅。从前十分奢侈的汽车，如今已开入寻常百姓家。但对大部分人来讲，汽车消费还是有些让人难以负担。"大众汽车"还需要几年时间才能名副其实。

与此同时，大众集团公司自身也在进行改革。1951年5月，在新的规章指引下，大众成立了以海因茨·M.厄夫特林（Heinz M. Oeftering）为首的顾问团队，并在几个月后将其更名为监事会。在雨果·博尔克（Hugo Bork）的带领下，大众的职工委员会也从一而终地贯彻着最初的工作方针，直到1971年才有些许改变——对大众来说，无论是产品还是管理，始终如一就是它的招牌。

可是，大众的行业领先地位，在接下来几年里反而成了负担，甚至为这家构架良好的公司招致了灾难。主要在于生产方面：朝鲜战争虽然遥远，但也对沃尔夫斯堡带来了突如其来的干扰，几乎一整年都只有短时工作，有些天甚至完全没有开工。德国的煤炭也被运往世界各地，价格涨成了天文数字，矿区无论如何开采都供不上需求。

此次危机过去后，大众继续坚持以国际化为导向的发展目标。1952年秋，大众在加拿大成立了一家销售公司，并逐渐扩张成覆盖加拿大全国的销售网络。同一年，设计师们将目光转向了大众汽车的外形，虽然之前的外形已经成为经典，但实在是太久没有变化了。只不过他们还不太敢冒险试验。1953年，大众的设计师们为新车都配上了无缝的椭圆形车窗，取代了旧式的分割车窗。

世界顶尖生产优化企业——大众

对大众来说，20世纪50年代的关键词就是增长。它在巴西建造了自己的工厂。最初的模式是汽车组件进口到巴西再进行组装，但由于当地政府的严格要求，工厂最终转为完全自给自足的生产模式。在沃尔夫斯堡，自1953年起，开始建造大量员工宿舍，这极大地缓解了许多从前住在城市周边的职工的出行问题。这座城市逐渐有了交通网络，在汽车生产之外拓展了新的方向。

　　尽管增长迅速，沃尔夫斯堡工厂的生产效率仍远远不及美国制造商。这一情况自 1954 年 8 月起开始有所改变，董事会决定逐步实现机械化生产。这一决定标志着一系列生产优化的开始，且优化措施一直持续到了 20 世纪末。生产优化改革促成了大众汽车的"大批量生产"，使之与行业领先的汽车品牌并驾齐驱，并让大众在 20 世纪 60 年代末成为汽车行业全球化的领先企业。

　　此外，大众也投资建设了全球经销商网络。1953 年 10 月，大众在全球范围内已有 82 家总代理机构，以及两家分别位于巴西和加拿大的子公司。1953 年，70% 的甲壳虫仍在欧洲内部出口，而仅在两年后，便有一半的甲壳虫远销至其他大洲。同时，其国内市场也在迅速增长。仅 1954 年大众便售出了 202,174 辆甲壳虫汽车和 40,199 辆面包车。

绿荫环绕的汽车生产厂：很少能看见工厂的背面。

闪亮的外观：甲壳虫如星辰一般金光闪闪。

梦幻产量：仅在 1955 年便达成了百万产量的目标。

不仅如此，长达一年的促销活动反过来也使大众的经销商网络更加专业化。在大众汽车的工厂里，如果工人生病，工资也会依合同照付不误，从而使工人的生活质量得到了保证。最终，大众汽车终于在北美市场上一鸣惊人。在一番紧张的准备后，1955 年 10 月 20 日，美国大众汽车公司成立了。公司负责人们努力搭建经销商网络，并充分重视客户服务。渐渐地，这个来自德国的竞争者追上了那些成立多年的美国本土汽车品牌。

在美国的子公司成立一年后，大众便取得了满意的成果，在 12 个月的时间里，便在美国境内市场售出了 42,994 辆轿车及 6,666 辆面包车。同时，大众在德国境内也有大动作，在汉诺威－斯托肯（Hannover-Stöcken）新建了一家工厂，该工厂只生产面包车。自此，位于沃尔夫斯堡的主厂便可以全力生产豪华轿车。

汉诺威工厂的建设仅耗时一年，开工后就呈现一派热火朝天的景象。1957年，约有 6,000 人在那里工作，并生产了 91,993 辆面包车——其中近 6 万辆被销往德国海外。为了庆祝这一成绩，有员工驾驶一辆名为"Bulli"的多功能面包车开始了环游世界之旅。自 1957 年 4 月 1 日起，在沃尔夫斯堡的主厂的工人们迎来了每周 40 小时工作制。此外，阿尔弗雷德·哈特曼（Alfred Hartmann）也成为工厂监事会的新负责人。

在他的领导下，大众汽车集团开始向当时的欠发达国家进军。最初只是在当地购买大量的生产零件，随后又收购了当地公司开始独立经营。自 1956 年开始在南非建厂后，除亚洲外，大众在各大洲都有了自己的生产设施基地。

大众的业务在德国境内也稳步增长。除了建立汉诺威的大型新工厂，大众还对位于布伦瑞克的综合大楼进行了升级，还与当时的航空发动机生产商亨舍尔（Henschel）展开了合作：位于卡塞尔的亨舍尔工厂主要负责配件供应和机组保养。渐渐地，其他的小型维修车间也迁至卡塞尔。1971 年，全部设施迁移完成。至此，卡塞尔工厂已有 18,906 名员工。

扩张：位于汉诺威的新面包车生产厂创造了新纪录。

尝到了甜头的大众：其巴西工厂发展得非常好。

20 世纪 60 年代的大众：成长与竞争

20 世纪 60 年代，大众开始了一场意义深远的结构改革，大众汽车有限公司于 1960 年 8 月转为股份制公司。其 40% 的股票仍严格地由联邦政府和州政府持有，其余 3.5 亿马克的总价值将以每股 350 马克的价格出售，大众的股票一时洛阳纸贵。

大众当时的名声全部仰仗其产品，所以仅拥有少量车型（甲壳虫和面包车）就意味着更大的风险。基于此，集团管理层决定从 1961 年起丰富大众汽车产品线。大众轿车型号三（又名"大众 1500"）首次于法兰克福国际汽车展会上亮相。

第二次世界大战后的大众汽车是十分成功的，而与它曾经的"力量源于快乐之车"仍然相关。1961 年 10 月，前文提到的快乐之车的储蓄邮票用户与大众集团之间持续了将近 12 年的法律纠纷终于落下帷幕。经调解，邮票用户可以在购买新型大众汽车时享受 600 马克的优惠，或选择获得 100 马克的一次性赔偿。

大众的汽车工厂也在不断发展，位于沃尔夫斯堡中部运河旁的厂区不断扩建，新建了许多装配车间和行政大楼。新工厂迫切需要源源不断的新员工，恰好当时的人们对汽车行业的职位很感兴趣。1961 年 8 月，"柏林墙"切断了劳动力来源。好在许多来自东德（德意志民主共和国）的大众员工已全家搬往属于西德（德意志联邦共和国）的下萨克森州定居。

此后，大众只好招募来自意大利的外籍工人填补劳动力短缺。1962 年底，沃尔夫斯堡约有 4,500 名大众雇员。本地住房市场非常紧张，所以大众试图通过成立大众社区并修建更多房屋来应对这一问题。

物流方面的挑战：需要交付的车辆越来越多——图为 1963 年的沃尔夫斯堡。

扩充的产品线：自 1961 年起，沃尔夫斯堡的大众工厂开始负责生产两种轿车。

　　沃尔夫斯堡的工厂厂房内部也有了翻天覆地的变化。经过一年的建设，两条长 180 米的机械化装配线于 1963 年投入使用，并用于组装生产双层车身。得益于新颖的焊接工艺，良品率显著提高——由此可省下 440 名工人的工作量。每天有 3,300 辆汽车在新装配线上完成生产。此外，工厂还装配了两条涂装生产线和 57 台压床。

　　工厂生产力就此稳步提高，至 1993 年年底，员工数量攀升至 43,722 名。公司当时甚至购买了一艘全新的货船，"约翰·舒尔特（Johann Schulte）"号汽车运输船可以一次性将 1,750 辆汽车运往国外市场。大众迫切需要提高生产力，因为尽管拥有许多位于国外的国际性分支公司，但其海外产量增长缓慢。国际贸易保护主义阻碍了大众汽车的大规模出口，所以大众试图通过提升当地的生产力来解决这一问题。

　　这一举措在墨西哥尤为成功，大众的一家子公司于 1964 年在墨西哥开始运营，接管了前任大众代理商"Promexa"，并开始逐步在墨西哥全国范围内扩大销售。投资的收益非常显著，仅在次年，大众在墨西哥的销量就提高了 59%。3 年后，大众占据了墨西哥汽车市场 21.8% 的份额，已在本地生产了 22,220 辆汽车。开设在普埃布拉的新工厂最终巩固了大众汽车在拉丁美洲市场的地位。

工厂扩张和对"第五大陆"的失望

　　大众为扩大产能，还投资建设德国国内工厂的生产设施。位于德国北海岸的埃姆登成了新的出口点，在那儿完成生产的甲壳虫汽车被运往北美地区。新工厂的规模巨大，有 4 个装配车间，占地面积约 14 万平方米，这家工厂主要负责生产甲壳虫汽车。

　　全德国都在向德国北海岸运送汽车部件：汉诺威工厂负责交付发动机，布伦瑞克工厂生产汽车前桥，卡塞尔工厂生产变速箱和车架，沃尔夫斯堡的主厂则供应车身。只有座椅和电子内饰是在埃姆登工厂现场生产的。1967 年 3 月，埃姆登工厂每日可装配 1,100 辆整车。埃姆登工厂逐渐承担了更多工作并变得不可或缺：自 1974 年起，高尔夫开始在这里完成组装；1977 年后，帕萨特也开始在此装配。

特殊的合作伙伴：位于奥斯纳布吕克的卡尔曼（Karmann）受大众委托制造了甲壳虫卡布里奥敞篷车、卡尔曼·吉亚和大众保时捷。

　　1978 年春，大众汽车正式在美国扎根。随着美国大众汽车制造公司的成立，高尔夫也在美国市场打下了属于自己的一片江山。可大众在澳大利亚的"探险"就没那么幸运了。自大众于 1964 年在"第五大陆"即澳大利亚开展直销业务起，他们便希望能在此快速取得类似于在南美洲那样的成功。然而事实却不如预期，强劲的亚洲竞争对手让大众措手不及。

　　日本汽车更加轻便、便宜。澳大利亚人对汽车的要求更为简单，大多数顾客都喜欢牢固且简单的车辆。因此，大众开始陷入困境，销量急剧下降。1968 年，大众的管理层决心结束在"袋鼠之乡"的市场开拓。从那时起，"大众澳洲"更名为汽车制造有限公司，专门从事汽车部件组装工作。

与此同时，大众在巴西却有着与在澳洲完全不同的扩张之势。自 1953 年起，大众便在里约热内卢的甜面包山旁驻扎下来，并在这个发展动力并不充足的国家进行开拓工作。20 世纪 50 年代后期，拉丁美洲人民也开始对私人轿车产生了浓厚兴趣，因此，大众管理层决定扩大业务范围。

基于出色的销量，巴西的第一家大众汽车生产厂于 1956 年建成。直至今日，大众对巴西市场的投资从未停止。如今，对大众来说，巴西是紧随德国和中国之后的第三大市场，南美市场上的大众汽车主要来自本地的 4 家大众工厂。

1957 年，巴西工厂生产的第一批大众巴士便问世了。在随后的几十年中，所有欧洲的顶级车型如高尔夫、蔚揽和帕萨特都是在巴西本地生产的。此外，还有一款特别的汽车也很早就吸引了南美买家——大众卡尔曼·吉亚，一辆由大众和卡尔曼合作生产的轿跑。甲壳虫运动版在德国海外也广受好评，并使大众的国际地位又上了一个台阶。长期以来，大众都在致力于丰富其敞篷车系列。

20 世纪 60 年代后期的现实主义：经济奇迹消逝

一次艰难的收购极大地拓展了大众汽车集团的业务范围和营销范围：大众从戴姆勒－奔驰收购了当时众所周知的汽车品牌"汽车联盟"（奥迪汽车前身）。自此，大众开始逐步整合其收购的汽车品牌，在丰富自身产品线的同时保有其一贯风格。例如，奥迪最初是四环象征的 4 个汽车联盟品牌的其中一个。1974 年，大众决定让奥迪独立运营，并在 1985 年将"汽车联盟"更名为奥迪股份有限公司。直至今日，奥迪一直都是公认的畅销汽车品牌。

与此同时，大众也在扩充自己的产品线。然而，在客户变得越来越富有，且要求变得越来越高的 20 世纪 60 年代，产品更新也变得越发困难。消费者认为，车价可以适当提高，但它必须有独到之处。为了满足消费者的需求，大众于 1966 年成立了汽车租赁部门。这种方式在北美大受欢迎，但在德国本土境遇惨淡。好在大众随后通过多功能面包车"Bulli"扳回一城。

大众员工的福利待遇也在不断变好。1967 年，在工会的协调下，每日 8 小时工作制开始生效，每周 40 小时的全薪工作也成为现实。

但自产自销的时代即将结束。到 20 世纪 60 年代末，尽管车型和技术（如全自动技术或安全转向柱）都在不断更新换代，但是销售数字不再稳定增长。汽车工人只能打短工。1967 年，由于德国国内需求急剧减少，汽车年产量降低了近 30 万辆。大众仍在扩大投资，在吕讷堡荒地建立了一个现代化的测试场，并与罗德公司一起成立了一家为大众汽车员工提供培训的机构。大众——一家由沃尔夫斯堡起家的国际集团公司，1969 年在全球范围内拥有 168,469 名员工。

大众的自我救赎：借助科技，为生存而战

20 世纪 70 年代，大众新工厂登上了历史舞台。1970 年 7 月 1 日，位于萨尔茨吉特的生产工厂开始投入使用，截至当年底，该厂区已拥有 8,000 名雇员。此外，大众集团还迎来了另一位全新来客——计算机。1971 年，大众首次引入了电子数据处理技术，但那时的大众对其不甚了解，没法发挥其最大的潜力。随后，大众为生产车间也配备了计算机，但除了客户服务，并未用于其他方面。

在研发领域却是另一番光景，利用计算机这一新技术，工程师们开发了各种灵感创意。尤其在车身生产中，借助计算机辅助的表面扫描技术，产品质量得以大幅提高。还有一个好消息：1972 年初，大众甲壳虫的销量已经达到 1,500,703 辆，打破了福特传奇"T 型车"创下的销售纪录。大众成为汽车生产界的龙头老大，年产量稳居世界第一。

但是，仅凭甲壳虫一款车并不能保证大众的持续增长，没有一种设计永远不过时。1972 年，大众在南斯拉夫的甲壳虫生产基地和本地公司 UNIS 合作成立了萨拉热窝汽车厂，这又是另一系列成功的开端。萨拉热窝汽车厂在随后的政坛动荡和巴尔干战争中也幸存了下来。第一辆大众卡迪，一款在高尔夫基础上开发出的紧凑型多功能车，就是在南斯拉夫的萨拉热窝汽车厂生产的。

　　若不是这些积极的业务扩张，大众的情况可能会更加严峻——连续几年的销售疲软让大众首次感受到了生存危机。事实证明，1974 年和 1975 年是挑战降临的年头。由于油价过高，全球经济严重衰退。这对汽车制造商来说十分难熬，客户群体和销售额每天都在不断减少。

　　在这个微妙阶段，大众却受益于一系列布局计划并取得了成功：通过帕萨特和高尔夫这一系列极具现代感和创造力的新车型，大众成功刺激了德国境内的汽车消费，并以此弥补了其在世界范围内锐减的销量。1976 年，情况再次好转了起来，大众的销售额有了 15% 的增长。

新时代的开始：有着前置引擎、水冷和前轮驱动的帕萨特。

　　只有深刻的生产改革才能带来蓬勃的发展。新的型号需要全新的生产设备。计算机控制的悬挂式吊装流水线使生产效率大大提升，先进的发动机生产技术同样促成了大众的辉煌。特别是模块化的工作方式使装配流程大幅简化：不同的车型都可以装配相同的组件，因为它们都由相同车型演化而来，比如，帕萨特完全可以被看作掀背版奥迪 80, Polo 最初是经济型奥迪 50。

新的销量冠军：高尔夫——它将征服世界。

卡车领域的激烈竞争：危机卷土重来

公司的盈利能力在不断提高，大众的经营终于回到了正轨。在由于经济衰退备受打击的海外市场，大众同样重新崛起了。为了在美国市场打下牢固基础，1978 年，大众高层决定在美国本土生产新的高尔夫——又名"兔子"——产于位于美国威斯特摩兰的大众自有工厂。

随后到来的第二次石油危机证明大众的这一决定非常正确。得益于帕萨特省油的这一特点，大众在这一艰难时期得以幸存，并没有蒙受巨大损失。尤其在德国，即使在当时销售市场极度萎缩的情况下，大众仍然保有 30% 的市场份额。20 世纪 70 年代末 80 年代初，中高产阶级的消费力大幅下降，故而中高产阶级一直青睐有加的奥迪备受打击。虽然大众作为奥迪母公司也受到了影响，但这更说明丰富的产品线是企业的生存保障。

三大支柱：1987 年计划主要包括 Polo、高尔夫和帕萨特。

在德国境外，大众也取得了积极的成果，销售数字不会作假，实打实的增长率证明了大众的成功，大众甚至接管了克莱斯勒在巴西和阿根廷的分公司。特别是在巴西，通过克莱斯勒现有的设备，大众专注于卡车生产。

1975 年，大众与位于慕尼黑的汽车公司 MAN 达成了一项合作，旨在扩大汽车使用范围。大众野心勃勃，想要在卡车领域占据一席之地，并相信它能凭借轻型货车——LT 系列车和大众 13 吨版本货车取得成功。只可惜再一次来临的石油危机打破了大众的期望，用于生产货车的南美基地只能延迟生产，在巴西修建另一家工厂的计划也被推迟。

局势对大众来说十分紧张。在没有可利用的可再生能源的情况下，能源似乎是一个永恒的问题。更糟糕的是，竞争非常激烈。20 世纪 80 年代初，来自亚洲，尤其是日本的汽车生产商，在国际市场攻城略地。长期以来不受重视的远东小汽车，慢慢追赶上头部产品并分走了重要的市场份额。这些紧凑型小汽车的性价比极具吸引力，更加灵活的生产也满足了特定客户的需求。

警钟敲响，大众人开始苏醒了，加大了研发力度。1982 年，大众集团计划投资 100 亿马克用于环境保护和提高生产效率研究，这使大众终于进入了计算机时代。大型仓储、车身生产和灵活的小规模生产流程都在计算机的帮助下得到了优化，进而对接下来的车辆制造产生了深远影响。大众已经为下一个飞速发展做好了准备，且不用等待很久。20 世纪 80 年代将是一个硕果累累的 10 年。

世界各地的大众：亚洲市场蓬勃发展，西班牙市场迎头赶上，南美依旧艰难

20 世纪 80 年代，亚洲国家将目光投向了汽车行业。整个环太平洋地区的经济都在崛起，欧洲和美国品牌自然也想从中分一杯羹。大众主动出击并占领了有利位置，于 1982 年与日产公司签订了许可协议。现在，大众的桑塔纳也由日本人生产，并取得了不错的成效。

日本作为高消费国家，潜力巨大，但这个岛屿国家最初并不愿意接受海外投资。20 世纪 80 年代末期，大众终于通过"日本大众奥迪汽车集团"成功建立了在日本的全国性的销售组织。在中国的市场扩张，大众面临同样困难。早在 1980 年中国就对大众汽车有兴趣，但落后的基础建设和经济上的不可测因素让大众并未及早进入中国市场。

但是，后来中国的惊人发展速度令人始料未及：20 世纪 80 年代中期，中国的条件便已达到能满足汽车生产的水平，因此大众决定开始在中国生产桑塔纳。20 世纪 90年代初，大众与中国本土企业成立了两家合资公司，进一步巩固了大众在汽车工业中的统治地位，桑塔

早期参与：大众早在 20 世纪 80 年代就在中国进行了投资——图为 1990 年行驶在大街上的帕萨特。

纳也就此成为亚洲畅销车型。

通过帕萨特和 Polo 这两款成功车型,大众于 1981 年进入了西班牙市场。在此之前,大众与西班牙汽车制造商西雅特达成了合作意向,后者在其竞争对手菲亚特退出后正在寻找新的合作伙伴,双方自此便开展了深入合作。大众 Polo 的生产被全部迁往西班牙,位于沃尔夫斯堡的主工厂便可全力投入新款高尔夫的生产。这次生产迁移带来了巨大回报:西班牙本土生产的 Polo 以及其他大众车型在西班牙市场的销量猛增,其销量更是从 1982 年的 2,379 辆攀升至 1984 年的 28,887 辆。

两款德国生产的双子星车型。20 世纪 80 年代,大众的许多发动机都由东德的 IFA(依发)公司生产,并用于瓦特堡汽车(见前车)和特拉贝特的组装。

20 世纪 80 年代,大众在整个欧洲大陆享有盛誉,并取得了创纪录的战果。1985 年,大众首次成为欧洲市场销量冠军,76 万辆的年销量也对应了大众 26% 的增长率,且增势不减。西雅特也被收入大众旗下,但这家曾经的西班牙国有公司需要大力整顿。直至 1988 年西雅特才开始盈利。

另一方面,大众的南美业务发展并不顺利。当时正直南美局势动荡,通货膨胀和官僚主义都阻碍着大众业务的发展。1986 年,南美地区的大众与福特联手成立了 Autolatina 控股公司。这家公司集结了两个品牌的优势，并在一定程度上确保了销售。

但阿根廷和巴西仍然不是一个利润稳定的市场。直至 20 世纪 90 年代两家汽车制造商、工会和政府达成正式协议，市场才得以稳定。大众和福特更进一步合作，在西班牙投资了一家豪华轿车生产厂。可接下来的东欧政治转变又创造了一个全新局面，并再次触动了企业家的神经。

大众迈入 21 世纪：启程和延迟 / 犹豫

欧洲的政治变革为汽车工业开辟了全新的疆域。东德地区有着巨大的潜在客户群体，他们大多都对有着西方烙印的汽车十分神往。此外，东德地区也拥有许多生产设备和专业人士。于是，大众选定位于德国东部的萨克森州，在茨维考和开姆尼茨兴建工厂，并沿用至今。与大众在海外的工厂不同，这两家新工厂使用的是当地现有的设施。

其实，大众已与萨克森州打了数十年的交道，而新成立的"大众 - 依发汽车有限公司"加深了二者之间的联系。从前，东德就与大众有着发动机生产协议，在东德生产的大众发动机也会被用于二冲程的老式东德汽车瓦特堡和特拉贝特。除此之外，大众和萨克森州甚至还有着"亲缘关系"：大众的首席执行官卡尔·H. 哈恩（Carl H. Hahn）之父很久以前曾经是开姆尼茨汽车联盟的董事。

大众也和捷克的传统制造商斯柯达建立了联系，并于 1991 年收购了其全部产品线，从而进一步丰富了大众旗下的产品组合。20 世纪 90 年代初期，除了大众自有的车型以外，奥迪、西雅特和斯柯达都是大众帝国的一部分。这一切的一切都来源于最初那款通过储蓄获得的"力量源于快乐之车"。

经过一番调整，斯柯达的经济状况逐渐趋于平稳。在东欧，捷克对大众来说至关重要，因为国际化是大众当时的首要任务。在当时的大众首席执行官费迪南德·皮贺（Erdinand Piëch）的主持下，大众专注于品牌的可持续发展。"质量大于数量"成为大众 20 世纪 90 年代的核心纲领。就算是首席采购员洛佩兹也不能阻挡这个上升趋势——他的低预算组件采购策略在他1996年离开公司后便再也无法落实。

　　与此同时，大众在四个大洲上都有着自己的汽车生产厂。其在欧洲大陆的领先地位看起来是有保障的。可1992年危机再次来临，出口市场萎缩、不利的汇率使大众在激烈竞争中处于不利地位。大众有充分的理由要重新考量公司内部构架问题。公司管理层以日本为榜样开始了变革。最终，通过广泛地精简，大众度过了这次危机，并为下一次腾飞做好了准备。

成功的典范：第四代高尔夫开启了新的时代。此图中的为该系列的经典配色。

　　第四代高尔夫于1997年投产。此前，涡轮增压直接喷射柴油发动机（TDI）的引入首次将每百千米油耗降低到了5.0升以下。"可持续发展"一直是大众汽车的核心理念，这一理念也成为大众汽车20世纪90年代的操作准则。1999年，大众通过Lupo 3L型TDI发动机制造了首个3.0升油耗汽车系列，并通过新的燃油分层喷射技术（FSI）在提高汽油发动机动力的同时降低了油耗。此外，大众继续扩张，1998年夏天，大众将布加迪收入囊中，紧接着便是收购宾利和劳斯莱斯。

千禧年的大众：保时捷闹剧和品牌扩张

　　尽管在欧洲市场占据领先位置并享誉全球，但大众依然需要应对不断变化的市场。2003 年，大众的利润率下降了 50%。大众不得不再次调整自身定位，精简架构、降低成本，并重新审核工作时间模式，将其调整为每周 35 小时工作制。

　　考虑到当时疲软的经济情况，大众在第五代高尔夫上市时进行了"高尔夫 30 周年"促销活动，以此鼓励还在犹豫的客户下定决心购买这一经典车型。通常来说，客户忠诚度十分重要，大众汽车象征着可以信赖的品牌。然而，大众试图通过辉腾进军高端轿车市场的举措并未达到预期目标。

　　时光飞逝。2005 年秋，保时捷以 20% 的股份成为大众汽车公司的最大股东。这仅仅是 2009 年完全收购的前奏。这导致大众股价飙涨，2008 年秋，大众股票的每股价格已超过 1,000 欧元，成为当时世界上最有价值的公司。

　　尽管到 2009 年保时捷公司已经拥有了大众超过 50% 的股份，但它仍未能完成收购计划，且实际与计划截然相反——最终保时捷反而成了大众旗下的品牌。前进的脚步仍未停下。2009 年底，大众成为铃木汽车的股东；自 2010 年起，传奇般的汽车设计公司 Italdesign（意大利设计）成为奥迪的子公司。巧合的是，这家著名的意大利公司负责了第一代高尔夫的整体设计。

万众瞩目：2007 年，庆祝第 2,500 万辆高尔夫的诞生。

展品：在大众德累斯顿透明工厂可以看到辉腾的最终装配。

如今的大众工厂：完全自动化，明亮整洁。

与此同时，大众还收购了意大利摩托车品牌杜卡迪，2012 年接管了瑞典卡车巨头斯堪尼亚和另一家德国卡车公司 MAN，进一步扩大了自己的影响力。在大众不断扩张的时候，2015 年秋在北美爆发的尾气处理丑闻让大众停下了脚步。为了能通过尾气排放测试，大众在汽车上安装"作弊软件"，而实际上路时并不能达到排放标准。大众的这一行为动摇了整个大众集团的根本，损害了消费者对大众的信任。大众的作弊行为的后果非常严重，在美国付出了巨大的代价。

时任董事会主席马丁·温特科恩（Martin Winterkorn）引咎辞职，对大众的各级诉讼也逐渐展开。仅在美国，大众就支付了高达 43 亿美元的罚款，还额外支出了 250 亿回购资金和赔偿金。但出乎预料的是，除了欧洲市场的销量略有下降外，丑闻似乎没有在消费者心中留下很深的烙印。大众的全球销量甚至还在增长，2017 年大众创下了年销量 1,074 万辆的新高，增长率达 4.3%。

临危受命：首席执行官赫伯特·迪斯（Herbert Diess）博士。

为了应对尾气排放丑闻，大众决心在所有领域进行改进，这对 2015 年上任的首席执行官蒂亚斯·穆勒（Matthias Müller）及其 2019 年的继任者赫伯特·迪斯（Herbert Diess）来说，是一项十分艰巨的任务。正如大众汽车集团自成立起所经历的那样，变革是必要的。一家公司只有经过伟大创新才能走上世界之巅。

值得庆祝的理由：截至 2018 年，在沃尔夫斯堡已经诞生了 4,500 万辆汽车。

第二章　大众经典车型

甲壳虫

从未有人想到，最初的大众汽车（随后更名为"甲壳虫"）会有传奇般的一生。自诞生起 20 多年来，甲壳虫一直是低端汽车中的标杆产品，一代又一代的竞争对手都铆足了劲，希望能取代甲壳虫在市场和消费者心中的地位——虽然甲

1938 年的大众汽车：已小批量生产，但正式投产尚遥遥无期。

壳虫仅仅是一款简单又实用的"战前"车型。

事实上，到甲壳虫于 1945 年正式投入生产时，它已经有十多年的历史了。虽然几乎所有汽车制造商都以第二次世界大战前的车型为蓝本，但他们都很快就更新换代了。20 世纪 60 年代中期，汽车制造商们发现了一个令他们难以接受的事实：此时的行业标杆不是他们费尽心力研发的新产品，反而是 30 年未变的大众甲壳虫。

风冷后置发动机、带后置摆轴的平台框架、由两个前部支撑管和横向弹簧制成的车轴、4 个座椅和那时较为流线感的车身——这就是大众先行者们迈出的第一步。保时捷是一位声誉甚高且经验丰富的设计师，他不仅在斯图加特有自己的工作室，而且自 1932 年起便与发动机公司尊戴普合作，随后也参与了 NSU 汽车公司的设计工作。由国家资助的全民汽车宣传活动席卷全国，保时捷教授的汽车设计受到了政府的重视，从而使许多重要的研发计划和初步测试得以顺利完成。只可惜由于即将爆发的战争，使一切准备就绪的工作无法继续进行。

政府想要的是一款真正的全民汽车，但这与汽车制造商的想法并不相同。1934 年，保时捷的汽车项目获得了优先考虑，但那时的甲壳虫仍在测试之中，直到 1938 年它才达到可以批量生产的标准。1939 年，位于法勒斯雷本的工厂竣工，甲壳虫终于投产，但没过多久战争来临，工厂转为全力生产军用吉普车。

四轮驱动、重量轻、坚固耐用且性价比高的德式吉普车，在恶劣条件下的表现有口皆碑。由于同属大众汽车公司的产品，对德式吉普车的称赞也为甲壳虫随后征战国际市场铺平了道路。大众消费者头脑中的画面是：欧宝和福特汽车在阿尔卑斯山脚下止步不前，而自德国南下而来的旅者络绎不绝——发动机冷却性能优异的甲壳虫轻轻松松地驶过崇山峻岭，并快乐地向上攀登。甲壳虫的传奇故事慢慢有了雏形，而它的竞争对手却一直艰难度日。甲壳虫的设计也有缺陷，如后部过重、对侧风敏感、发动机放置过深、后备厢空间小、只有两个车门、视野较差和效果取决于发动机转速的暖气，在这种情况下变得完全无关紧要——甲壳虫正在走向成功，且在短时间内完全没有任何颓势。

后视图：1953 年的甲壳虫的车窗已经是规则的形状。

大众汽车博物馆里的甲壳虫展：第一辆和第四辆甲壳虫展车之间，隔着 17 年的光阴。

技术参数	出口款甲壳虫
生产类型	封顶式轿车
生产时间	1949—1953 年
发动机	四缸水平对置
排量	1.1 升
功率	25 匹马力
变速箱	四挡手动
驱动	后轮
重量	730 千克
最大速度	105 千米 / 小时

去踏青：有了新的甲壳虫汽车，德国公民在第二次世界大战后也有了让人觉得幸福的消遣。

　　工厂和公众甚至会因为一些微小的改进而欢欣鼓舞。这些热情激励着大众的技术人员和部分普通群众参与了甲壳虫的改良开发。现在，甲壳虫如果新装配按钮式门把手，似乎比欧宝新发布一款车型还要重要得多⋯⋯

　　这是一条永恒且漫长的改进之路——发动机功率如蜗牛爬坡一般缓缓提升，车窗面积以平方厘米计数地变大，后备厢的尺寸也与行李箱更加贴合。慢慢地，甲壳虫甚至安装了盘式制动器。多年来，二手甲壳虫在可靠性和良好的保值性方面具有极好口碑。同时，极高的销量为大众积累了经验，其精心设计的车型故障率很低。这是大众的那些经常更新换代产品的竞争对手无法比拟的优势。

　　除此之外，大众还早早地认识到了密布服务网络的优势，这在今天是不可想象的。就算在国外，消费者也能享受到大众的客户服务，旅途中沿路的大众广告牌让开着甲壳虫的驾驶者又一次笃定，自己当初做了正确的选择。不要忘了，这辆车的售价也不高，甚至在接下来的几年中还降价了，因为工厂将高销量所降低的成本又返利给了客户。若不考虑货币的购买力等因素，甲壳虫有史以来的最低价——3,790 马克，出现在 1957 年。

　　几乎人人都成了大众的客户。20 世纪 50 年代末，工人也能够负担得起一辆甲壳虫；大学教师倒是可以买更贵的车型，却找不到比甲壳虫更好的选择。1960 年前后，1,000 马克的税后年薪在德国已经是不错的毕业生工资了。此时，一辆标准版甲壳虫的售价为 3,790 马克，出口版的为 4,600 马克，敞篷版的为 5,990 马克。广泛的认可度是甲壳虫成功的基础。实际上，在很长一段时间里，甲壳虫就是真正意义上的"大众汽车"。

甲壳虫　1945—1964

　　甲壳虫自 1945 年底开始批量生产，它的故事也自那时开始。正式生产的四缸水平对置发动机有着 1.1 升的排量和 25 匹的马力，而 1938 年的最后一版测试车型装配的是 1.0 升排量和 23.5 匹马力的发动机。增加的发动机缸径提供了增加的功率，除此之外，其他的技术并没有改变。车身中部的变速杆使前部可以安装两个单独的座椅，不像其他车型只能安装一个双人长椅，车身后部是一个三人长座椅。依照这种设计方案，在后座及发动机之间会有一块空间，通常情况下这一空间都会被利用起来。有许许多多睡在甲壳虫后座上的孩子们在旅途中都能感受到发动机的嗡鸣声——这暴露了在当时还未受到重视的安全问题。

大众汽车工厂将其第一款车视为标准模型，当然这个标准较低。当时的甲壳虫车身仅有灰色和黑色可供选择，没有任何镀铬装饰，车漆简单，装有极细的三辐条方向盘，以及后来广为人知的"碱水结面包形后窗"（一个被分割成两部分的椭圆状后窗）。当然，工厂也非常明白，当时的设计中还存在着重要的技术缺陷——缺少液压制动和同步齿轮箱。自1949年起，即在德国货币改革之后一年和德意志联邦共和国成立的同年，这两项技术才逐步被用于出口版甲壳虫。而标准版甲壳虫直至1962年还使用着电缆制动，其变速箱直至1964年也未达到与出口版完全同步的标准。

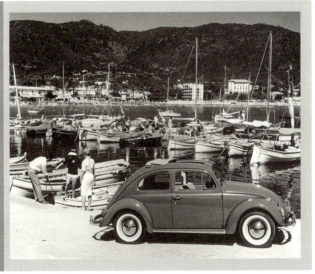

技术参数	大众甲壳虫 1200
生产类型	封顶式轿车
生产时间	1960—1965 年
发动机	四缸水平对置
排量	1.2 升
功率	34 匹马力
变速箱	四挡手动
驱动	后轮
重量	760 千克
最大速度	115 千米 / 小时

从技术层面来讲，1949年首次问世的甲壳虫出口版并没有比标准版先进多少，毕竟液压制动于1950年问世，同步齿轮变速箱（一挡未同步）诞生于1952年。但在采光和装饰方面，出口版有更多独有的设计：轮毂、保险杠、门把手、车前灯及车身侧面都用上了镀铬装饰；更多的车身颜色选择；双辐方向盘；可以在驾驶过程中调节前排座椅和解锁后备厢盖——这些都是大众在早期进行的小型改良。

这些微小的改良在随后的艰难岁月里都象征着一线希望，其中之一便是
1953 年 3 月引进的椭圆形后窗。相比之下，由车身设计公司卡尔曼开发并制造
的敞篷版带着其奢华气质于 1949 年面世。时任董事长海因里希·诺德霍夫精心
挑选出 1,000 辆车作为第一系列，这也随之成为一个传统。

敞篷版甲壳虫比出口版贵 1,875 马克，这相当于当时德国 7 个月的人均工
资。但敞篷版甲壳虫仍万众瞩目。大众一直坚持自己对敞篷车型的青睐，事实也
证明大众是对的：至 1953 年 8 月，沃尔夫斯堡已生产了 50 万辆甲壳虫。大众为
此举行了大型庆祝活动，与两年后为生产百万辆甲壳虫的庆祝同样盛大。

诞生于 1954 年的大众甲壳虫 1200 通过增加缸径有了更高的排量，达到了
1.2 升，就算是标准版甲壳虫也配备了 30 匹马力的发动机。1956 年版的特色后
视镜和更有效的制动器及 1959 年版的前桥扭杆稳定器都源自出口版甲壳虫的技
术更新。1957 年，扩大的后窗和新的仪表盘设计令人耳目一新，并顺应时代需
求为消费者提供了折叠式天窗这一选项。

技术参数	大众甲壳虫敞篷版
生产类型	封顶式轿车
生产时间	1949—1953 年
发动机	四缸水平对置
排量	1.1 升
功率	25 匹马力
变速箱	四挡手动
驱动	后轮
重量	800 千克
最大速度	105 千米 / 小时

湖边的明媚假期：1959 年的甲壳虫已经有了宽阔的后窗和压力式门锁，但是转向指
示牌还是在 B 柱上。

旅行梦想终成真：在白云
山峰之间的甲壳虫汽车。

宣传图中的家庭田园诗话：1960 年，转向灯已被移至前方。

1960 年的甲壳虫拥有了 34 匹马力的功率，并为化油器提供了自动启动装置，其变速箱也已完全同步。但这仅仅适用于出口版和敞篷版甲壳虫，标准版直至 1964 年还是只有 30 匹马力。出口版 1961 年就采用的蜗轮蜗杆转向，直到 1965 年才实装于标准版。此外，更多的微小改良，诸如为了提供更大后备厢空间而更换了油箱，用油表取代油阀，玻璃清洗器和方向盘锁与点火开关联动等，都在接下来的几年里被用在了出口版甲壳虫的身上。

那些拥有标准版甲壳虫的人们也对 1962 年更新的液压制动和 1963 年以来更友好的内饰感到满意。位于 B 柱的转向指示牌被移除，在车头加入了真正的转向灯，这使其十分引人注目。自 1960 年起，前挡泥板也装配了小的镀铬点阵利于反光；尾部转向灯最初与尾灯合并在同一灯罩内，一年后又被分开；仔细观察可以发现，甲壳虫标准版的后窗和侧窗在 1964 年又被放大了；挡风玻璃也有了曲度。1961 年 8 月，甲壳虫的年产量便已经达到 500 万辆，这个数字四年后就又翻了一番。

宽敞明亮的后窗、多罩尾灯和鲜艳的色彩——甲壳虫 1961 年款的特点。

甲壳虫 1965—1980

　　甲壳虫 1300 开启了大众欧洲征战的下半场。更大的排量将发动机动力提高至 40 匹马力，这使得汽车在三挡和四挡低转速下行驶时也拥有了强劲动力。显然，这项提升是非常必要的，因为从前的甲壳虫动力甚至不足以超越重型卡车。新款甲壳虫的最高速度达到了 120 千米 / 小时，市面上还没有能与之匹敌的对手。

1963 年版的标准款甲壳虫在外观上没有改变。　1963 年版的出口版：镀铬装饰明显更加美观。

宣传图有时只有细节上的改变：1965 年的甲壳虫已经装配了钢制天窗，图中人们的打扮变得更加随意和运动。

　　很快，大众又更新了发动机，大众甲壳虫 1500 成为该系列的顶级产品。较宽的后轮很好地改善了汽车的抓地力——这本来是大众当时逐渐暴露的缺陷项。此外，消费者也不再像十年前那样宽容，大众车型尾部过重、转向过度和易受横风干扰的缺点逐渐被提上改进日程。

　　1968 年引入的双铰接式后桥解决了这些问题，最初桥接的是同样新颖的半自动无离合式变速器。自动化技术是甲壳虫的新领域，这可能是特别针对美国市场而设计的。此外还更新了前盘式制动及手动变速。大众还慢慢地改良了一些人们习以为常的设置，比如，1967 年更新的 12V 电气系统及垂直式的前大灯。虽然针对甲壳虫自动化系统的高损耗率和其在保险公司的不良评级有了越来越多的批评，但是客户依然忠诚，甲壳虫的销量仍以每年约 100 万辆的速度继续攀升。

大众甲壳虫 1200 在 1965 年肩负着吸引人们购买汽车的重任。

　　甲壳虫标准版于 1965 年和 1967 年被分别改为 1200A 和 1300A，此处的 A 意味着简版。但德国的第一次经济危机很快使刚刚停产的甲壳虫 1200 又复活了，并被称为 "经济适用型甲壳虫"，售价仅为 4,525 马克，比甲壳虫 1300 便宜 775 马克，这激发了人们对新车的消费欲望，也是当时整体经济环境低迷时期的佐证。

技术参数	大众甲壳虫1500
生产类型	封顶式轿车
生产时间	1965—1970 年
发动机	四缸水平对置
排量	1.5 升
功率	44 匹马力
变速箱	四挡手动
驱动	后轮
重量	820 千克
最大速度	128 千米 / 小时

美国在同时期也为汽车发展做出了极大贡献，新的安全法案迫使大众引入了双回路刹车系统和带有可变形垫片的转向柱。当时，许多专业媒体都报道了大众的刚性转向柱所导致的各种事故。

更大的后备厢：1970 年的甲壳虫1302（左）和1300（右），它们的外观差别并不大。

1971 年款的甲壳虫1302 有更多改变，例如前轴、行李箱尺寸、C 柱通风、发动机通风及更大的后窗。

1970 年，甲壳虫 1300 的马力也提高了，达到了 44 匹。甲壳虫 1300 的生产一直持续到 1972 年，可在此期间它却因为产品重组，不再是经济适用型甲壳虫 1200 和顶级甲壳虫 1500 之间的高性价比版本，因为新的 1302 和 1302S 上市了。1302 是 1300 的升级版，而 1302S 是 1500 的继任者。1302S 的 20 毫米轴距增长算不上新颖，因为甲壳虫系列已经加长过多次了。更具重要意义的是，新的前轴（带有麦弗逊式悬挂系统）和大曲度的前引擎盖板，它们共同起到了扩大行李箱空间的作用。甲壳虫的容量达到了 680 升，其中 400 升为前排空间，280 升为储物容量。这与其他车型比起来并不算小，尤其是前排作为使用频率更高的地方更加宽敞。自 1967 年起，甲壳虫的加油孔由背面移至侧面，从此不再有通过行李箱加油的烦恼。

甲壳虫 1302S 配备的是甲壳虫 1500 同款发动机，排量更高，为 1.6 升。配置较低的 1300 也配备了双万向节后桥。传奇车福特"T 型车"的生产记录也在那时被 15,007,034 辆的甲壳虫打破。

引人瞩目的是，虽然甲壳虫是一款有年代感的车型，但它开始再次流行并成为当时世界上最畅销的德国汽车。这样的成功证明大众的选择是正确的，而且大众手里还有另一把秘密武器：1972 年，带着弧度更大的挡风玻璃和更大尾灯（象脚尾灯）的新款甲壳虫 1303 和 1303S 上市了，但其价格、油耗和发动机性能都不像从前那样令人满意。两年后高尔夫上市时，甲壳虫 1300 和 1303S 都被下架了，仅有 1200 和 44 匹马力的 1303 仍在市场上销售，且前转向灯被移至保险杠上。

1975 年，甲壳虫 1303 在德国市场下市，1977 年也不再继续出口。自 1974 年 7 月 1 日起，甲壳虫的装配生产就由沃尔夫斯堡迁至埃姆登，而在埃姆登的生产工作也没有持续很久。1978 年 1 月 19 日，最后一辆德产甲壳虫驶下埃姆登的流水线。从那时起至 2003 年，所有的甲壳虫都产自巴西，而如今的甲壳虫均来自墨西哥。沃尔夫斯堡和埃姆登总共生产了 1625.55 万辆甲壳虫，其中只有卡尔曼公司代工的甲壳虫 1303 敞篷款在德国生产了更长的时间，直至 20 世纪 80 年代仍人气鼎盛。

技术参数	大众甲壳虫 1303
生产类型	封顶式轿车
生产时间	1972—1975 年
发动机	四缸水平对置
排量	1.3 升
功率	44 匹马力
变速箱	四挡手动
驱动	后轮
重量	870 千克
最大速度	125 千米 / 小时

　　敞篷版是甲壳虫历史上的辉煌一笔。第一辆甲壳虫敞篷版诞生于 1951 年，最初更多是为了满足出口市场。它始终紧跟技术发展，不断更新换代，按照不同的算法，甲壳虫敞篷版共有五代或六代。即使在其他制造商纷纷停产敞篷车的 20 世纪 60 年代和 70 年代，大众也并未受到干扰，仍在坚持向市场提供敞篷甲壳虫。

大众的坚持：即使没有太多消费者青睐敞篷车，大众仍然在生产甲壳虫敞篷版，图为敞篷版 1303。

经典款敞篷车：尽管车尾有堆叠的车顶装置，但敞篷版甲壳虫从未失去其魅力。

　　高尔夫时代开始后，市面上还有甲壳虫敞篷版、1200 和 1200L 在售，分别有 34 匹和 50 匹马力的发动机可供选择。自 1978 年起，欧洲的甲壳虫粉丝们（与披头士同名的甲壳虫也象征着嬉皮士文化）只能期待从墨西哥进口的甲壳虫，而 1986 年 1 月 1 日后进口也停止了。在墨西哥，甲壳虫直到 2003 年 7 月 30 日才下市。其最后一款车型装配着一款 1.6 升排量的汽油发动机，马力为 50 匹。在巴西，甲壳虫被称为 Fusca（葡萄牙语的甲壳虫），也于 1996 年停止销售。实际上它早已退出市场，但由于市场需求源源不绝，于是又与 1993 年被重新上市销售，可技术并未更新。

　　最终，共有 21,529,464 辆甲壳虫诞生于世。而其漫长又独特的汽车生涯也就此终止。

华丽的甲壳虫们：1300 和 1303 作为特别款配备了牛仔面料的座椅。

1975 年的甲壳虫1200：有着箱形保险杠和更大的后灯，绰号"大象脚"。此时的甲壳虫生产已转移至埃姆登工厂。

技术参数	大众甲壳虫 怀旧版
生产类型	封顶式轿车
生产时间	2003 年
发动机	四缸水平对置
排量	1.6 升
功率	46 匹马力
变速箱	四挡手动
驱动	后轮
重量	820 千克
最大速度	124 千米 / 小时

卡尔曼·吉亚 1955—1974

卡尔曼·吉亚的成功源于两方的努力——位于奥斯纳布吕克（Osnabrück）的车身制造公司卡尔曼和大众汽车。卡尔曼非常勇敢地与大众合作开发新的双门轿跑车型，并将设计工作全权委托给了位于意大利都灵的卡洛泽利亚·吉亚（Carozzeria Ghia）设计公司——大众公司非常认可的公司，以华丽的设计感著称。当时外部条件已然成熟，德国经济秩序渐渐恢复，整个欧洲的情况也在好转，美国市场当然更需要亮眼的轿跑和敞篷车型。大众提供可靠的量产技术，意大利方面负责外观设计，配上卡尔曼家坚固的车身结构，三者结合相得益彰。

在大众可以享受后来的成功之前，卡尔曼必须先独自承担一些风险。1953年，威尔海姆·卡尔曼（Wilhelm Karmann）就有了打造"时尚大众"的想法，并与吉亚的总监路易吉·塞格雷（Luigi Segre）取得了联系。他们的设计非常出色，但大众的时任董事长海因里希·诺德霍夫对此有何评价呢？没有他的首肯，无论是谁也无法生产新车。

1963 年 11 月，虽然谈判过程一度陷入僵局，但卡尔曼和塞格雷还是成功地说服了诺德霍夫。当时卡尔曼已经为大众开发出了敞篷版甲壳虫，所以说话更有底气。无论是来自柏林的罗梅奇（Rometsch）公司、来自伍珀塔尔的德鲁兹（Drews）公司，还是来自瑞士的博伊特勒（Beutler）公司，都没有这么好的运气。虽然它们可以使用大众生产的底盘生产自己的汽车，但是它们并不能享受价格优惠，更无法将这些汽车变成大众的车型，并借助大众公司销售系统出售。1955年夏，经销商和媒体终于一睹卡尔曼·吉亚的真容。注意，这是卡尔曼公司而不是大众的展览！但是经销商并没有区分这些，卡尔曼·吉亚在市场上的官方命名为大众14。

顶级设计：卡尔曼·吉亚的外观非常引人注目，在其销售的19年间从未落伍。

卡尔曼·吉亚的底盘除了没有前桥稳定器，几乎与甲壳虫出口版没有差别。

此外，汽车动力和传动比也保持不变，均为 30 匹。并且也没有尝试将这款外观设计十分具有运动风的车真的组装为一辆运动轿车——其 820 千克的自重更加证明了这一点。

宽敞：由于车体更宽，卡尔曼·吉亚比甲壳虫空间更大。

技术参数	卡尔曼·吉亚
生产类型	敞篷车
生产时间	1957—1960 年
发动机	四缸水平对置
排量	1.2 升
功率	30 匹马力
变速箱	四挡手动
驱动	后轮
重量	810 千克
最大速度	118 千米 / 小时

　　卡尔曼·吉亚流畅的线条感很受欢迎。它在 19 年间都紧跟潮流，即使在 1974 年停产时也不显老气。路易吉·塞格雷成功地塑造了车身整体和细节上的曲线，车顶、行李箱、引擎盖、挡泥板和窗户一起组成了一个和谐的整体。车身前部像一个圆圆的鼻子，还装有用于内部通风的进气口。车窗玻璃表面更加光滑，透光度更好，最初的测试人员都用"采光充足"来评价驾驶室。与甲壳虫相比，卡尔曼·吉亚取消了车门外的踏板，其单个座椅设计显得更加精致，车身内部也更加宽敞，空间感很好。不过车尾的空间就不太充裕，只能装少量的行李。

　　1955 年时，卡尔曼·吉亚的售价高达 7,500 马克，比甲壳虫出口版高出 3,000 马克，与宝沃（Borgwards）的豪华轿车伊莎贝拉同价。但是顾客们仍被卡尔曼·吉亚的特殊设计吸引住了，比如白色的轮毂和不同颜色的可开合车顶。

　　两年后，敞篷版卡尔曼·吉亚售价涨至 8,250 马克，价格已经对标双门轿跑了，但它凭借出色的设计感在与轿跑的竞争中依然不落下风。在奥斯纳布吕克共生产了 44,3467 辆卡尔曼·吉亚，其中 80,881 辆是敞篷版，约占总产量的 20%。1966 年，卡尔曼·吉亚达到了历史上最高的年产量——33,780 辆。除德国外，巴西也在生产卡尔曼·吉亚。自 1960 年起，卡尔曼巴西公司便接管了小部分的生产工作。1970 年时，巴西公司按当地需求开发了一款更现代、车身漆面更加光滑的升级版车型——大众 TC。巴西总共生产了 41,697 辆卡尔曼·吉亚，其中

18,119 辆为大众 TC。

　　毫无疑问，所有甲壳虫进行的更新技术，也都用在了卡尔曼·吉亚上，故而卡尔曼·吉亚的马力也一直在提升，1960 年是 34 匹，1965 年是 40 匹，随后是和大众 1500 同样的 44 匹，1970 年起为 50 匹。卡尔曼·吉亚自 1965 年便配备了新的前桥，1966 年安装了前盘式制动。外观上只改变了车灯和前部的进气口。卡尔曼·吉亚从一开始就没有选用转向指示牌，而是直接用上了转向灯。1969 年转向灯被改为矩形，1971 年尾灯也变成了矩形，与大众 1600（Type 3 系列）的尾灯一样。自 1971 年起，装配的两个圆形大仪表盘使卡尔曼·吉亚更具现代感，其头灯位置自 1959 年以来便高于其他车型，尾灯也更长。不过这些装饰上的修改也并非全有意义，因为卡尔曼·吉亚的整体外观已近乎完美。

弗里多林

弗里多林：不仅是德国邮政用车，而且许多私人客户都想拥有这款小货车。

　　甲壳虫的底盘被用于很多车型，其中包括小型的多功能车和迷你露营车。1965 年，弗里多林（Fridolin）的问世惊艳世人。弗里多林其实是它的昵称，据

说源于一名来自韦斯伐里亚（Westfalia）汽车制造厂的员工，因为他说"这辆车
看起来就像一个弗里多林"（德语男名，意为"和平的国度"）。它的正式名称为
大众147。这是一款设计巧妙的小型厢货车，其中混合了来自甲壳虫、卡尔曼、
运输车和大众 Type 3 的各种元素。弗里多林可以装载 420 千克或 2,300 升的货
物，若收起乘客的座位，则可将空间扩大至 2,900 升。它的滑动门对驾驶员和
副驾驶非常实用。弗里多林本是为满足德国邮政的邮件运输需求而量身定制的，
而瑞士邮政也紧跟德国邮政大量采购该车。后来，邮政公司淘汰了很多损耗车，
这些弗利多林流入市场后，就作为普通人的迷你房车奔向了广阔的田野。截至
1974 年，共有 6,125 辆弗里多林在韦斯伐里亚组装下线。

大众 181　1969—1979

　　1969 年问世的大众 181 车虽然不是四轮驱动，但仍然是一款越野车。使用
后置发动机和后轮驱动的它，在相对平稳的草地中行驶时有着比四轮驱动车型更
好的操纵性。当时，民用的四驱车非常少，而且体积也比大众 181 大很多。它的
到来满足了军方和民众的需求。对军方来说，当时的德国联邦国防军只需要一辆
小货车，边境部队也只需要一辆巡逻车，而大众 181 的后置发动机已经可以提供
充足的动力，因此它令军方十分满意。

　　对负担不起路虎的普通人来讲，大众 181 无论是价格还是功能都无可挑剔。
这说明大众创造了一款既能满足私人又能满足专业领域需求的完美产品。大约有
4/5 的大众 181 都是私人消费者订购的。最初是沃尔夫斯堡和埃姆登的工厂负责
生产，随后生产工作转移至墨西哥。

　　从技术层面上来说，大众 181 保留了越野车的传统，且始终与甲壳虫保持
技术同步。开始 181 采用的是大众 1500 的发动机，随后很快又升级成了 1302
配备的 1.6 升排量发动机，只不过动力只有 48 匹而不是 50 匹。其底盘一直都采
用 1300 所用的底盘，直至 1973 年才将后轴更新为半托臂式。其三挡和四挡变
速箱倒是一直与甲壳虫略有不同。此外，其副轴变速器的传动比也更小。大众
181 的离地间距有 20.5 厘米，比甲壳虫高 5.5 厘米，这足以应对路上的木棍和石

头。此外，69.5 厘米的涉水深度也令人印象深刻。

　　简单的设计和坚固的结构让大众 181 变得极其实用，进而不可替代。棱角分明的外观为大众 181 定下了干练的基调。稍有弯曲的行李箱盖，棱角清晰的前引擎盖板，光滑的侧面和平坦的铰接式前窗让大众 181 的外形也十分独特。实际上，大众 181 可以被看作是一款四门甲壳虫！

大众的第一款休闲车：广受普通民众欢迎的大众 181，当时这种类似越野车的车型还并未成为潮流。

简单却功能齐全：四门的大众 181 越野车。

在大众 181 在售的十年间没有出现任何可以与之媲美的车型，就算是大众
Iltis 也属于另一系列且受众较小。大众借大众 181 打开了野外休闲车的市场，且
后无来者。最终共有 14 万辆大众 181 被投入市场。

大众沙滩车 GF-BUGGY 1971—1977

美国市场一直对德国和欧洲的动态十分关注，其中自然包括汽车行业。美国
人的生活方式和乐于尝试的精神，让他们对甲壳虫有着一种无法解释的迷恋。他
们想将甲壳虫和赛车结合起来，开发一款全新的车辆。这个想法不仅被落到了实
处，还反向传播到了欧洲。此外，美国人还将坚固的甲壳虫改装成沙滩车，并十
分享受这一乐趣。

在阳光明媚的意大利和西班牙，沙滩车这个概念存在已久，只是那里的菲亚
特 600 并不理想。很快，由于后轮驱动的良好负载能力、足够大的轮胎和足够高
的底盘，美国改装版的甲壳虫成了理想的沙滩车。宽大的底盘和开放的空间让这
辆"美版甲壳虫"可以同时承载 4 个人。车顶棚可以作为配套组件提供，人们可
以以非常合理的价格，愉快地组装属于自己的趣味小车。

20 世纪 60 年代末，这款改装甲壳虫终于传到了德国。第一批由美国进口的沙滩
车还带来了组件包，可以让德国工厂自行生产。最出名的沙滩车 GF-Buggy 的款式

沙滩上的乐趣：GF-Buggy 在沙滩车中尤为突出。

源于大众内部杂志"Gute Fahrt（一路平安）"上的插画，并由大众的官方合作伙伴卡尔曼负责生产。

GF-Buggy 的原型明显是美国经典沙滩车迈耶斯·曼克斯（Meyers-Manx），有着由玻璃纤维增强的材料制成的车身。前挡风玻璃架还可以当作扶手，避免乘客掉出车外。车门、侧窗和车顶对沙滩车来说都是多余的，人们只需要跨过前矮后高的倾斜侧壁就可以进入车内。车的前部有两个桶形座椅，后面还有一个略显拥挤的长凳，不过没有谁开着沙滩车去长途旅行，所以拥挤一点也没有关系。当然，更没有人要求沙滩车要有一个行李箱。

当然，大众强大的生产技术可以满足 GF-Buggy 的各种设计和硬件要求。GF-Buggy 装配了轴距 2,127 毫米的底盘框架和两个加宽加厚的后轮。最初，GF-Buggy 的发动机与大众 1500 的一样，自 1973 年起又改换为 1300 同款发动机。若客户有需求，发动机也可更换为 1.2 升或 1.6 升排量。与大众 1300 的 820 千克相比，GF-Buggy 的车身更轻，只有 640 千克。

一辆 GF-Buggy 的售价为 9,000 马克，若只购买组件包则仅需 3,000 马克。6 年内，大约有 1,200 名德国消费者选择购买 GF-Buggy。同样由甲壳虫改装的美版沙滩车 EMPI Imp 也很受欢迎，在德国卖出了 600 辆。当时，在沙滩车领域竞争者众多，其中不乏比卡尔曼还早进军沙滩车产品的厂商。HAZ、塞伦盖蒂（Serengeti）、Deserter GT 和来自比利时的 Apal 都是 20 世纪 70 年代早期可供选择的沙滩车车型，只是销量不高，有的甚至并未真正投放市场。

20 世纪 80 年代末，Saier 汽车公司、TWA 专用汽车公司、汉堡及西格尔沙滩车制造中心等厂商还在生产沙滩车。他们使用的还是（二手）大众底盘。当然，此时的底盘已经不再是甲壳虫的底盘了，已换为高尔夫的底盘。由德国技术检验协会负责监管厂商的质量。不过随着安全规章越来越严格，成本越来越高，就不再有小公司生产沙滩车了。

来自美国的沙滩车 Empi 采用了缩短版的甲壳虫底盘。

来自比利时的 Apal 沙滩车，外形酷似跑车。

运输车

　　大众旗下的运输车被称为大众 T 型车，为大众所开发的第二款车型。早在 1950 年，基于甲壳虫技术基础设计的大众运输车便已投入量产，并且开辟出了属于自己的道路。第二次世界大战后的德国对比卡车更小的运输车有着极大的需求，一辆相对简单宽敞并便宜的厢式车就恰好合适。当时的大众从未想过，一辆简简单单的 Bulli（大众 T 型车的别称）会被开发出那么多种用途，还启发了许多新车型的设计。

虽然最初大众 T2（右）的设计概念仅仅是一辆运输车，但它远远不只是一辆运输车。

　　其实，配有侧窗和两个简单长凳的旅行车早就存在了，Samba 巴士（如果是用于野生动物园的话，还配有天窗）在 1951 年便已十分出名。除此之外，这种厢式货车也非常适合商用，例如，作为客车将乘客送往不同的目的地。

技术参数	大众 T1 Samba 巴士
生产类型	小型巴士
生产时间	1950—1959 年
发动机	四缸水平对置
排量	1.1 升（1954 年改款后为 1.2 升）
功率	25 匹马力（30 匹马力）
变速箱	四挡手动
驱动	后轮
重量	1,110 千克（1954 年改款后为 1,160 千克）
最大速度	85 千米 / 小时（90 千米 / 小时）

当韦斯伐里亚制造厂受大众委托在 1951 年推出第一款带有露营装备的运载巴士时，没有人想过这将掀起多大的浪潮。对人们来说，这辆车就像一个不可能成真的梦一样。可它成真了。

大众 T 型车是自 1945 年的甲壳虫之后的首款新车型。迄今为止，它已更新到第六代，总共销量超过 1,200 万辆。经过长达 17 年的改良设计，直至 1967 年，第一代产品才落地销售，并开启了成功之门。由于 T 型车的实用性很快就得到了许多人的认可，客户群体的增长可谓势不可挡。譬如在美国，若一个家庭想购置一辆经济又宽敞的旅行车，其实并没有什么美国车型可供选择，于是大众 T 型车便占据先机。在 20 世纪 60 年代，年轻人都梦想驾驶着大众 T 型车环游世界，至少也要去印度或者撒哈拉沙漠转转，确实很多人将这个梦想真的实现了。大众 T 型车就这样打响了自己的名号，并在世界范围内都取得了成功。

当然，不管是用作运输车还是用作巴士，大众 T 型车一直不乏竞争者，只是其竞争者们更像商用车。大众 T 型车的驾驶特点让人们认为它就是一辆私家车，而且甲壳虫的良好声誉也为 T 型车加分不少。

自 T 型车诞生之日起，关于它是否真的适合用于运输的讨论就没有停止过。竞争者们总是为自己辩护说，自己的车型没有采用后置发动机，可以配备一个巨大的后部货物装载车门，而大众的推销员常常用前置发动机并不稳定的驱动能力来反驳。实际上,大众 T 型车的实际使用区域正好位于前后轴之间,空车行驶时后部发动机重量刚好与前方驾驶员的重量相平衡。

大众旅行车 56 周年纪念版:图为 2013 年在巴西生产的大众 T2c 停产时,限量推出的 1,200 辆特别纪念版旅行车。

对大众来说,发动机的位置是早已定下的。1949 年 11 月 12 日,大众的时任董事长海因里希·诺德霍夫说:"我们不是出于什么感性的原因选择的后置发动机。如果前置发动机可以起到更好的效果,我们当然会将发动机移到车头去。然而著名的平头式设计(驾驶室在发动机上部)在汽车空载时负载分担比极差,所以我们并不考虑采用前置发动机。您可以自己看看英国军队的卡车空载时在路面上的表现如何。"

　　大众 T 型车的诞生本身就是一段传奇，且有据可查。本·庞（Ben Pon）——一位荷兰的大众进口商，1948 年将他的设计灵感带去了沃尔夫斯堡。一年后，经过密集且快速的改良和开发，大众 T 型车的设计概念被公之于众。

　　由于甲壳虫的底盘不能承载运输车的重量，大众放弃了直接使用甲壳虫底盘这一想法，而创建了一个可以牢固连接底盘的承载结构。甲壳虫的 25 匹马力发动机倒是够用，只是对运输车来说非常小。实际上，垂直存放的备用轮胎决定着发动机舱的高度。当时，一些运输车和小型巴士都配有后门，乘客可以轻松上车，而大众用更开阔的驾驶视角算是弥补了一些缺点。对买车度假的普通人来说，大众的后置发动机也算不上什么缺点，而且发动机上方仍有足够的空间存放行李。

大众 T1　1950—1967

　　最先推出的款式为厢式货车、旅行车和小型巴士，1952 年又推出了新的平板运输车。很少有人会预料到，1951 年面世的"房车"会进入一个黄金时代——由韦斯伐里亚制造厂生产的房车"露营套装"，提供了一张可坐 3 个成年人的大床和一个可供儿童使用的前排长凳，此外，在侧门的背面还配有一个洗手盆。一年后，又有匹配的遮阳棚和可折叠车顶供消费者选择。露营车的所有细节都透露着设计者的巧思。同年，载有由 23 块玻璃组成的透明天窗的 Samba 巴士首次亮相。

　　1954 年，T 型车的发动机更新成了与甲壳虫一样的 30 匹马力的新款发动机，并配备了更好的内饰和后保险杠。1960 年更新了高车顶（野营爱好者的最爱）和双车厢款式。转向指示牌被转向灯替代。1962 年时，甲壳虫的发动机已提升至 34 匹马力；一年后，大众 1500 配备的平装发动机甚至拥有 42 匹马力，故自 1965 年起，T 型车的发动机也被全部更换为甲壳虫同款 34 匹马力的发动机。早在 1963 年，T 型车就改造了汽车后部，配上宽大的窗户和新的转向灯使车内空间更加宽敞，这些也为 1967 年推出的下一代 T 型车打下了基础。大众 T1 总共售出约 170 万辆，不过在 T2 推出后它仍然没有停产。在巴西，T1 的生产自 1956 年开始至少持续到了 1975 年（之后生产的是一款 T1/T2 混合车型）。

不管是朴实的 T 型车（前）还是漂亮的 Samba 巴士，私人使用的大众运输车在当时仍然是一种奢侈。

20 世纪 50 年代中期，对大多数人来说，拥有一台配有露营设备的大众巴士是一个遥不可及的梦想。

20 世纪 60 年代，露营车越来越常见了。图为第一代 T 型车较为后期的车型，配有现代化的前后轮。

大众 T2　1967—1979

　　新款大众运输车 T2 的外形现代感十足，其车头采用了一体式的弧形挡风玻璃，车身加长了 200 毫米，且车尾部新增的侧滑式车门让大众运输车相较它的竞争对手们也不落下风，尤其是新款福特全顺（Transit）——一款小型商用运输车。T2 也有露营版本可供选择。此外，T2 新的双节后桥设计明显提高了汽车的抓地力。在不断地改进与发展下，T2 开辟出了自己的道路：随着房车越来越受欢迎，T2 成了家庭和团体的首选车。

　　1972 年后上市的车型可以通过更高的前部转向灯来辨别，且发动机马力也提升至 70 匹。虽然其设计上有一些缺陷，但这依然挡不住大众运输车的蓬勃发展。

　　T2 的产量达到了十分惊人的 300 万辆。在德国以外，T2 的寿命更长。2003 年前，T2 一直是巴西和墨西哥的出租车车型。与此同时，由于欧洲已经停产，一

些爱好者们便从南美洲订购 T2，在欧洲的道路上赚足了眼球。不过，此时的 T2
有了不少改动，比如，采用可以燃烧汽油和酒精的水冷直列四缸发动机。

为了充分利用房车内部的空间，T2 配备的备用轮胎被放在了车头。

技术参数	大众 T2
生产类型	小型巴士
生产时间	1972—1979 年
发动机	四缸水平对置
排量	1.6 升
功率	50 匹马力
变速箱	四挡手动
驱动	后轮
重量	1,350 千克
最大速度	110 千米 / 小时

美梦成真——驾驶 T2 带着全家人，驱车 500 千米，欣赏沿路风景，最终抵达度假天堂。此外，配备电视的 T2 更是奢侈得让人难以想象。

T2 "银鱼"：车身为银色金属制造、外加镀铬装饰的 T2 版本，是 T3 上市前的最后一个款式。

大众 T3　1979—1990

自 1974 年起，大众高尔夫系列车的巨大成功挽救了摇摇欲坠的大众集团。随着高尔夫的问世，小轿车也开始配备了柴油发动机，而运输车和小型巴士则在 1981 年才改为柴油动力。1979 年推出的大众 T3 系列运输车也是大众第一款投入量产的柴油运输车。此外还有汽油版的 T3，T3 最初和上一代一样采用风冷发动机，1982 年被更新为水冷发动机，与前代版本一样的水平对置发动机可以提供 60—78 匹马力，只是其排列更加扁平化。

T3 棱角分明的外观深受好评，而且更省油的柴油发动机也使大众运输车更具竞争力。此外，技术上的更新如 ABS（制动防抱死系统）、汽油发动机的催化转换器及 1985 年实装的四轮驱动系统也伴随着 T3 的整个生命周期。四驱版本 T3 Synchro 的后桥动力通过传动轴和多片耦合器传给前桥，以实现四轮驱动，这一设计非常受欢迎。

技术参数	大众 T3 凯路威
生产类型	货车
生产时间	1987—1991 年
发动机	四缸直列
排量	2.1 升
功率	70 匹马力
变速箱	五挡手动
驱动	后轮
重量	1,450 千克
最大速度	130 千米 / 小时

简洁的外观设计：T3 最初就采用了精美的白绿双色设计，其生产后期推出的限量版直到现在都备受追捧。

T3 的直线形设计不仅极具现代感，还使车身内部拥有相较前两代更大的空间。

休闲车在以极快的速度发展，有各种不同的款式可供选择。自 1981 年起，大众客用运输车有了商旅两用版、加长版和七座豪华版"凯路威"。在大众车型基础上演化而来的各种房车占满了展厅，它们各有特点，配有侧拉床、天窗或形状各异的车顶，这象征着休闲型运输车的蓬勃发展。至 1990 年停产时，T3 的销量达到约 200 万辆。而四驱版本的 Synchro 则有更长的生命周期，由斯泰尔（Steyr）公司生产至 1993 年。在南非，T3 被称作"小型巴士"，一直销售到 2002 年，其最后版本配备的是 133 匹马力的奥迪发动机。

大众 T4　1990—2003

前驱技术在小轿车上使用了 16 年后，大众运输车在 1990 年通过新一代 T4 实现了飞跃。由于长久没有显著提升，大众运输车的"怀旧感"显得毫无新意，而 T4 带来的技术性和实用性提升使大众重新成为市场上的佼佼者。

坐在"有轮子的屋子"里出去玩：TDI 发动机的高性能和经济性让出行更加便捷。

这些根本性的革新让商用和民用车型都受益良多。私人用户期望更大的空间，而商用客户在意的则是空间、有效荷载量和实用性，譬如，他们希望从车尾部可以无障碍地装卸货物。在市场上首次出现了双轴距、载重量2.8吨并配有可适应更高负载发动机的运输车。最初，T4配备了两个自然吸气的柴油机和两个四缸或五缸的汽油机，1996年更新为一款102匹马力的TDI发动机。

1995年底的改款让乘用车和商用车在外观上有了区分。凯路威和迈特威两款小型客车与基本款一样，有两种轴距可供选择；而且，更窄的前灯、改良的引擎盖和更宽的保险杠让它们从一众运输车中脱颖而出；此外，它们的车身也延长了82毫米，使车内空间更为宽敞。

T4的车头圆润且短小，如同它的车标一样简洁明了。T4在汽车市场上有着独特地位。1991年T4的产量为16.7万辆，比1989年多3万辆。自1993年起，该系列也在位于波兰波兹南的新工厂投入生产。总共约有330万辆T4问世。

大众T5 2003—2015

T4统治了市场13年——在德国，T4占据了约50%的运输车市场份额，随后它的继任者T5问世了。2003年春季推出的T5除两种轴距外，还有3种车顶高度可供选择。车身重量在2.6吨至3.2吨之间，五缸或六缸发动机配备了六速变速箱，而不是常规的五速。针对个人客户还有新款230匹马力的V6汽油发动机可供选择。T5的外观更

商用型T5标志性的灰黑色塑料保险杠。

加棱角分明，力量感十足，深色的保险杠一直延伸到大灯和散热栅栏。在现在的唯一一款可用车型迈特威上，大灯之间的散热栅栏颜色与车身整体是一致的。除

了发动机，T5 良好的驾驶特性也备受称赞，其前部的麦弗逊悬挂和特殊的半拖曳式后桥设计便是原因。车载电子辅助系统的使用越发频繁，因此客户也可以选装车身 ESP（电动助力转向系统）。总共约有 200 万辆 T5 问世。

技术参数	大众 T5 迈特威
生产类型	货车
生产时间	2003—2015 年
发动机	四缸直列，V6，五缸直列（柴油机）
排量	2.0—3.2 升
功率	102—235 匹马力
变速箱	五挡手动，六挡手动，六挡自动
驱动	后轮，四轮
重量	2,184—2,483 千克
最大速度	146—206 千米 / 小时

大众 T6　2015 年至今

　　2015 年问世的 T6 系列延续了大众运输车的传奇。与上一代车型（主要是 T5 的改款）不同的是，T6 的外观更符合现代审美。除此之外，商用型 T6 还采用了新的发动机，功率为 102—204 匹马力，其中还有一款直喷式汽油机可供选择。技术的进步使 T6 有着符合更严格尾气排放标准的尾气处理系统和更成熟的电子辅助系统，它的内饰也有了大幅改进。

　　前部保护系统"商务款迈特威标准配置"（Front Assist）是一个环境监控系统，通过雷达来检测与前车之间的距离，并且可以辅助缩短刹车距离。自适应巡航控制系统（ACC）可以通过传感器测量与前车距离和相对速度，通过控制变速箱可以对车辆进行制动，例如在列队驾驶或堵车时，ACC 可以使车辆减速或者完全停止。

　　T6 的底盘技术水平极高。与大多数麦弗逊悬架不同的是，T6 的横梁及稳定

T6 代表着当前大众的品牌形象，图中为迈特威 Comfortline。

尽管都是红白配色，在尺寸、舒适度和安全性方面，T1 和 T6 相去甚远。

可升高的车顶：在 Bulli 的基础上发展而来的 T3 到 T6 四代运输车让人们充分体验了露营的乐趣。

器不直接与车身连接，而是安装在一个通过减震轴承与车身连接的辅助车架上，这种结构设计搭建了一个非常有效并可以显著提高舒适度的减震系统。大众的动态底盘控制系统（DCC）可以针对不同的路况调节悬架。驾驶者通过 DCC 可以选择舒适、正常和运动三种不同的驾驶模式。

个人版运输车的种类就更多了：标准版、豪华版（迈特威）和旅行版。可调节的后排座椅及高置的第三排座椅使迈特威的功能性更强。迈特威之所以在国际上被广泛使用，在德国国内市场更是处于领先地位，这一切不是没有理由的。2017 年，有 37,410 辆大众运输车被私人驾驶者订购（占所有新购私家车的 22.4%），另外还有 1,980 辆房车。

大众的 Type 3 和 Type 4

大众的 Type 3 和 Type 4，即大众的第三款车型和第四款车型。

新款大众如同加长版的甲壳虫。虽然它外观不起眼，但有着独特的线条感。

1961 年 9 月，一辆"加长版的甲壳虫"在法兰克福国际车展上首次亮相，这终结了之前的种种猜测。不过新车型问世后，激烈的争辩才刚刚开始。汽车行业杂志早就预测大众会推出一款更大、更现代的甲壳虫兄弟车，并发表了他们认为最适合大众的设计方案。1961 年 8 月，大众公开了 Type 3 的宣传照片，这是大众继甲壳虫之后开发的首款私人轿车，并以大众 1500 之名开始销售。人们对这款新车稍微有些失望，主要问题在于它的外观，虽然它比甲壳虫更大，可过于分明的棱角让它缺少了一些时尚感。不过，这也符合时任大众总裁海因里希·诺德霍夫的一贯风格，所以老客户们并不觉得不适应。批评家们一直希望大众能抛开甲壳虫的既定思维，开发一款全新的产品，而更注重汽车实用性和稳定性的大众显然没有乖乖听他们的话。

　　大众 1500 的风冷发动机仍为后置，不过它扁平的形状有效地改善了车内空间的利用率，并使大众 1500 成了一款不折不扣的三厢轿车。后备厢空间也变大了，因为平坦的发动机有更规整的上方空间可以用来储存行李。这一创新的设计理念在后来的商旅两用版大众 1500 上得以重现，除了本来的后备厢以外，人们还可以通过折叠后排座椅获得一个额外的装载空间。

双重用途：第一款大众商旅两用小轿车的后备厢十分平坦且宽敞，既可以用于货物运输也可以装载行李。

　　首款商旅两用版大众 1500 为大众带来了划时代的成就，因为这款车特别适合家庭使用。人们可以开着它去旅行，它的内部空间设计尤其适合露营。所以，许多人对这款后起之秀趋之若鹜。

　　大众 1500 和后来的大众 1600 最初就是针对想要购买家用车的消费者设计的。现在，大众的老客户们可以拥有一辆后排空间更大、视野更好并兼具甲壳虫所有优点——安全可靠、做工精良、服务周到的车。这也使得消费者更容易接受大众 1500 的天然劣势——只有两个车门，这是采用甲壳虫技术的必然结果，因为甲壳虫车架轴距很短，就算尽力提升后也仅有 2,400 毫米。其实在早期开发中，大众也尝试过四门的可行性，可最终并未落到实处。据说，这一决定是由成本问题造成的。

　　大众 1500 与甲壳虫的轴距相比更长（155 毫米）、更宽（55 毫米）、更平（25 毫米），所以尺寸是有所变化的。虽然看起来汽车尺寸也没有变大许多，但配合超大的车窗和更平滑的车身，人们会觉得大众 1500 很宽敞，根本不会想到它其实用着甲壳虫的车架。人们的目光总会被圆圆的挡泥板和突起的后备厢盖吸引，这两者都让大众 1500 看起来有些呆萌。在随后的车型升级中，有两处明显改动，一处是侧窗加大，为汽车增添了些许坚实感；另一处是将进气口移到了第二侧窗的下方，而后置发动机轿车的进气口通常在后窗下方。

　　舍弃后门当然意味着有更充裕的前部空间，这至少让乘客可以很轻松地坐上前排座椅。不过，后排座椅的使用就不太便捷了，而且后排空间狭小，乘客的头部和膝部空间都有些局促。大众 1500 有 3 个清晰易读的圆形仪表盘，这也是大众一贯的风格。后备厢空间充足，只要行李的形状合适，就可以存放许多东西，但不能放置过重的物品，例如整箱矿泉水就不适合放在这里。不过在 1961 年，人们也不习惯购买成箱的矿泉水。

　　除此之外，测试报告也很少提及不要把黄油等不耐高温的物品放置在后备厢里这一问题，因为后置发动机产热会使后备厢温度升高。大众 1500 的车内空间储物为 385 升，其中后备厢占 200 升。从竞争的角度来看，就算是 385 升也很狭小。而商旅两用版大众 1500 则拥有空间上的优势：包括前舱在内，它一共有

885 升的车内容积。

　　为了使水平对置发动机的表面保持平整，设计师将发动机冷却风扇安装在了发动机的前方，而甲壳虫的风扇是安装在发动机上方的。此外，汽车发电机和化油器的位置也与甲壳虫的不一样。而水平对置发动机本身的工作原理也有利于这种扁平式外观设计。大众 1500 的变速箱、尾部回转轴和带有中梁的车架结构也传承自甲壳虫，只是大众 1500 的前轴更靠前一些，从而使得整车轴距得以加长。新车型采用了扭力悬架系统，两侧的弹簧杆通过一根扭力梁彼此连接，稳定器则置于上部支撑管处，并引入了出口版甲壳虫所使用的转向系统。不过，业界却对大众这一车架设计并不满意。

　　令人遗憾的是，有两款在 1961 年法兰克福国际车展首映式上亮相的敞篷车并没有真正投入量产。无论是敞篷版大众 1500 还是新款卡尔曼·吉亚 1500 都悄无声息地消失了。总共有 24 辆敞篷版大众 1500 样车问世，其中 16 辆是在卡尔曼工厂生产的，它们的巨大后窗十分引人注目。当初，大众连宣传册都印刷好了，只是高昂的生产成本让大众放弃了这两款敞篷车型。1965 年，Type 3 的车身设计——掀背型车问世了，它所瞄准的目标客户便是喜爱甲壳虫的客户群体。

置于后备厢下方的水平对置发动机表面十分平坦，这使后备厢能够拥有更大的空间。

并未投产的敞篷版大众 1500 只能存在于人们的梦中。图为一辆得到良好修
缮和保存的展示车。

大众 Type 3 系列有着长达 12 年的寿命，虽然早期暴露了一些缺陷，但是随
后仍因出色的性能及广受欢迎的商旅两用版取得了巨大成功。Type 3 系列的最终
产量为 2,584,904 辆，其中商旅两用车占了一半。

大众 1500　1961—1965

大众 1500 于 1961 年 9 月初投产，几乎与法兰克福国际车展同步进行。商
旅两用版大众 1500 则在次年 2 月上市。1.5 升、45 匹马力的发动机使大众 1500
比甲壳虫的速度更快，只是散热方面存在一些问题。经过发动机设计改造，1963
年上市的大众 1500S 的动力为 54 匹马力。

对大众来说，由于发热过多或散热不良导致的发动机损坏是一种很少见的情
况。但这种故障越来越多地出现在了大众汽车上，《汽车·发动机与运动》（现已
更名为《汽车与运动》，该刊是汽车领域内首家采用大规模调查问卷并详细分析
的媒体）杂志的《汽车报告》栏目报道了这个问题。每 100 名读者填写的故障调
查问卷中，便有 16 人填写了发动机损坏，还有 20 名读者填写了离合器故障。即

使是 1963 年新上市的大众 1500S 也有这个问题。大众 1500S 采用双化油器、54
匹功率的发动机，有着更快的速度和更高的转速，但这款发动机同样存在过热的
问题。消费者杂志 DM 对这一问题进行了深入报道，认为大众 1500S 由于发动
机问题迟迟得不到解决，是一款并不可靠的车型。

是谁最先发明商旅两用车型的呢？图为大众 1500S，一款极为适合家庭集体
出行的商旅两用车。

技术参数	大众1500N
生产类型	中端小轿车
生产时间	1963—1965 年
发动机	四缸水平对置，空气冷却
排量	1.5 升
功率	45 匹马力
变速箱	四挡手动
驱动	后轮
重量	880 千克
最大速度	130 千米 / 小时

大众 1500S 有着明亮的镀铬装饰和宽大的前转向灯，新一代的大众 1500N
外观装饰则十分简单。这一时期的大众在车价上下足了功夫，配置良好的大众
1500S 售价仅为 6,400 马克；大众 1500N 则更便宜，仅售 5,990 马克。轿车版和
商旅两用版之间的差价为 400 马克。自 1964 年起，还有另一种省钱的办法：只
要你愿意，便可以在自己的大众 1500S 上选装 45 匹马力（默认配置为 54 匹马
力）的发动机，这样就能获得 100 马克的优惠。1963 年，大众基于商旅两用版
推出了一款专用于运输的车型——顾客可以选择不装后排座椅。这种车型的目标
群体是对运输车有税收减免的海外市场。

大众 1600　1965—1973

最初大众对 Type 3 系列的销量并不满意，他们怀疑可能是三厢设计阻碍了
销路。所以，大众在 1965 年推出了溜背式设计的"旅行轿车"大众 1600TL，
这使车内空间变大了 100 立方厘米，而汽车性能仍然不变。大众 1600TL 的外形
不禁勾起了人们对甲壳虫的回忆，甲壳虫的拥趸们可能更会选择该车。不过，不
喜欢大众的人则嘲笑大众 1600TL 是大众"可悲的解决方案"。当然了，加长的

大众 1600TL 与甲壳虫类似的外形吸引着本就喜爱甲壳虫的人们。

技术参数	大众 1600TL
生产类型	中端小轿车
生产时间	1965—1973 年
发动机	四缸水平对置，空气冷却
排量	1.6 升
功率	54 匹马力
变速箱	四挡手动，自 1967 年起有自动挡可选
驱动	后轮
重量	920 千克
最大速度	140 千米 / 小时

侧后窗、弯曲的后备厢盖和狭小的后挡风玻璃并不能使所有人满意。没有人知道为什么大众不像其他制造商一样用后盖板来解决问题，溜背式设计只能使后备厢空间有不太明显的提升。

大众销售部门的判断完全正确：溜背式轿车大众 1600TL 的销量是三厢款的两倍，不过还是远远不及商旅两用版。大众 Type 3 至 1969 年总共售出约 14.5 万辆，其中溜背款的 TL 有 8 万辆，三厢款有 4 万辆。三厢款的主要购买者是政府部门。大众 1600TL 的功率为 54 匹，并有着其标志性的弯曲后盖结构。大众 1600 的其他版本车型的功率也是相同的 54 匹。自 1967 年，还有自动挡版本可供选择。

1968 年，大众引入了新的汽油喷射技术，这其中也有美国技术的烙印。电子控制燃油喷射系统发动机被简称为电喷发动机，主要是美国厂商用来适应当地尾气排放标准而研发的，随后又被引入欧洲市场。装有电喷发动机的车型名为大众 1600 E，消费者需为之额外支付 600 马克。其实，发动机动力并没有改变，故而对于该技术是否能改善驾驶体验这一问题，人们一直争论不休。

Type 3 的故事到了 1969 年秋季已经步入尾声。这一次，设计部门仿佛得到了上帝的眷顾——崭新的外形赋予了 Type 3 截然不同的气质。车身延长了 120 毫米，在车尾重新变为直线形的同时，后备厢的空间也增长了 25%（由 185 升增至 230 升 ）。全新的保险杠和更大的前后转向灯也令人耳目一新，且新版 TL 的引擎盖曲度更大。由于车身进行了大刀阔斧的改造，因此 Type 3 自重增加了大约 50—75 千克，这样看来，原来 45 匹和 54 匹功率的发动机便有些捉襟见肘了。1970 年，Type 3 的产量还有所增加，但在两年后的 1972 年便显著降低了。

最后阶段：大众 1600 的晚期车型有着完全不同的车头设计。

"加大版"卡尔曼·吉亚

如果市场需要空间更大的大众汽车，那么卡尔曼·吉亚必能重新在市场上获得一席之地。在 1961 年的法兰克福国际车展上，大众向人们展示了一个全新的汽车系列——卡尔曼·吉亚：轿车、敞篷车、商旅两用车、双门跑车及敞篷版双门跑车都有新款。在展会上，一款比大众 1500 时髦得多的车型问世了，这就是我们即将介绍的主角——卡尔曼·吉亚。新款汽车有着清晰的线条感和犀利的棱角，侧面看起来像一个宽阔的梯形，尽管它的轴距实际上并没有加长。

敞篷版卡尔曼·吉亚更使参会者激动不已，只是它也和敞篷大众1500一样不会大量生产。大众并不想大力发展卡尔曼·吉亚。一辆敞篷版卡尔曼·吉亚售价为9,500马克，与菲亚特1200和汽车联盟（奥迪前身）100Sp这两款车售价相近，但是受众少了许多。跑车版卡尔曼·吉亚售价8,705马克，但它也只是名义上的"跑车"。真正的跑车要贵得多，例如保时捷356售价14,300马克，凯旋TR4售价11,990马克（1962年）。

极具现代感的新卡尔曼·吉亚虽然令人们兴奋不已，但它并没有存活多久。

新款卡尔曼·吉亚最吸引人的地方就是它的线条。它与一年前问世的雪佛兰Corvair一样，都是由都灵的吉亚公司设计的，极具时代特色。几乎完全平坦的车尾和全景视野的超大后窗让卡尔曼·吉亚看起来十分大气，汽车腰线以下的圆角又为整体增添了许多活力。此外，吉亚公司还在卡尔曼·吉亚上首次创造了一个"四眼前脸"，由置于两端的前灯和置于中间的雾灯组成，这是卡尔曼·吉亚的独具一格之处。

随后，大众把重点放在了基础技术的发展上。1965 年，卡尔曼·吉亚 1600 问世。1969 年，它因新款保时捷的上市而停产。事实证明，卡尔曼·吉亚并没有满足人们最初对它的期待。是它的外形设计太过于现代，以至于不符合主流审美吗？在其投产的 8 年间，其总产量为 42,505 辆。在巴西，新卡尔曼·吉亚有着完全不同的设计，尺寸相对更小，并于 1974 年停产。

又是一个梦：新款卡尔曼·吉亚并未投入大量生产。

大众 411/412 1968—1974

大众 411 又被称为大众 Type 4，是一款于 1968 年问世的、人们期待已久的中档汽车。它沿用了甲壳虫的概念，但也有自己的崭新特色。只是大众 411 配备了与前辈一样的后置风冷水平对置发动机，一样的后备厢设计和稍微得到些许改良的空间比例，这些都是汽车界无法理解的地方。甚至有人嘲讽道：大众 411 是大众首款四门轿车，虽然比其他厂牌慢了 11 年！

大众的新时代来临了吗？大众 411 有着宽敞的空间和承载式车身，只是这些概念
也有其局限性。

事实果真如此吗？其实大众 411 只有发动机构造采用的是旧技术，它具有
承载式车身和现代化底盘，轴距也较大众 1600 增加了 100 毫米，还省去了万向
传动轴通道（这是早期车型空间受限的原因之一）。此外，大众 411 的后排空间
十分充裕，乘客体验也很好——这对大众的汽车来说可是新的优点。车轮位置的
内收设计稍稍被人诟病，但是这并不影响车内的空间体验。就算是双门款的大众
411，进入后排座位也相对容易。后备厢容积为 308 升，但是不像 Type 3 一样拥
有发动机上方的置物空间。由于油箱也放置在车辆后部，大众 411 像前辈们一样
也不能承载过重的行李。

同类中的佼佼者：大众 411 的双门款和四门款。

比例问题：不是所有人都喜欢大众 411 修长的车头和略显笨重的外形。

在路上飞驰的商旅两用版大众 Type 4：充足的行李空间是十足的加分项。

技术参数	大众 411E
生产类型	中端小轿车
生产时间	1969—1972 年
发动机	四缸水平对置，空气冷却
排量	1.7 升
功率	80 匹马力
变速箱	四挡手动，也有自动挡可选
驱动	后轮
重量	1,100 千克（四门款）
最大速度	155 千米 / 小时

　　大众 411 的车轴及悬架与甲壳虫及 Type 3 的相比有着很大的不同。前部的

麦弗逊悬架和尾部的拖曳臂及螺旋弹簧一起显著地提高了大众 411 的驾驶体验，只不过大众 411 在隔音效果方面差了一些。

该系列车型配备的发动机较前代也有明显提升，首款大众 411 的发动机排量为 1.7 升、功率为 68 匹马力，1969 年上市的电喷发动机马力达到了 80 匹，而 1973 年上市的大众 412 有 75 匹和 85 匹两款发动机可供选择。散热作为伴随空气冷却发动机的永恒问题，在大众 411 上通过一台额外的加热器得到了解决，但这也显著增加了本就不低的油耗。

在外观上，大众 411 短小且略显臃肿的尾部和修长的头部看起来并不协调，这一点在双门版大众 411 身上尤为突出。此外，大众 411 的车头除了两个大且宽的大灯以外没有其他装饰，显得空洞无物。好在这些问题在早期的小改版中就已经得到了改善和解决。

最先面世的是大众 411 和大众 411L 两款车型。保险杠和镀铬条上的橡胶装饰让大众 411 与竞争对手比起来也不输气势。只是在售价方面存在问题，双门款大众 411 售价 7,770 马克，四门款大众 411L 售价 8,485 马克。也就是说，大众的价格跟福特 17M 和欧宝 Rekord 两款车差不多，但是在空间利用率上却明显不如后两者。

后期的外观更新让大众 412 有了一款独特的前脸。

　　大众从甲壳虫以来一直坚持的技术理念已经过时了。Type 3 在问世 7 年后取得了一定的成功，但是大众 411 却没能成功复制这一历程。大众所计划的单日产量 500 辆从未实现，最高日产量也只有 300 辆，并且很快就降至 200 辆以下。此外，来自奥迪 80 和大众 K70 两款车的内部竞争也使大众 411 的处境越发艰难。在 7 年里，大众 411 的总产量只有 355,200 台，其中一半还是商旅两用版，当然，这也再次证明了商旅两用车的实用性设计对普通大众有着强烈的吸引力。

早期的外观改版明显提升了汽车的整体气质。

　　上市后仅一年，大众就对新车型进行了第一次外观改版，这实属不寻常。好在备受争议的车头部分在这次改版后变得独具魅力，设计师在宽大的前灯区域放置了双大灯，并且在前脸部分选用了镀铬装饰和大众的大众车标。此外，商旅两用版和带有电子喷射功能的车型也被提上了上市日程。至此，大众 411 整个系列有两款发动机、三款外观可供消费者选择。

　　3 年后，大众 412 上市了。它的车头部分轮廓更加鲜明，后备厢盖上也镶嵌了大众车标，双大灯的位置也与上一代的不同，侧面还有更大的转向灯。因此，大众 412 的外观更平易近人，但这也是该系列车型的终点了。在最后一年的更新中，大众 412 的发动机由汽油喷射供油改为化油器供油，同时有 75 匹马力和 85 匹马力两款可选。

开阔的视野和充足的空间；宽大的前挡风玻璃是大众 411/412 的显著优点之一。

大众 K70 1970—1974

大众 K70 是一款独一无二的车——不仅因为它具有独特的技术应用，同样也体现在它突然的诞生与消逝上。1969 年初，人们并不相信大众旗下会有一款配有前驱水冷发动机的车型，而在 1970 年底却成为现实。这是大众历史上十分惊险的一步。当时，大众的产品线已然跟不上时代的步伐，新产品大众 411 并不理想，而子公司奥迪还未闯出名堂。大众决策层杀伐决断，在很短时间内便决心推出 K70 以扭转局势。不过，其生命的快速终结也与决策层的工作方式脱不了干系——若状况不佳则快速停止，即使成本高昂也在所不惜。

其实，配有前驱水冷发动机的车型很早就问世了，只是最初大众并不在意，后来却不得不正视这一问题。汽车爱好者们对这种发动机十分着迷，所以经常有在公共场所进行的试驾活动。小型创新品牌 NSU AG 推出了 NSU Ro80，一款配有螺旋发动机和前卫设计的概念车，并引起了巨大轰动。于是 NSU 决定在此基础上推出 K70——一款技术更先进的中端车型，并投入量产。

只是 1969 年初 NSU 就把资金用完了，大众旗下的子品牌奥迪打算和 NSU 展开合作继续这一项目。当时，大众和奥迪的新车型分别是大众 411 和奥迪 100。大众取消了 NSU 安排在日内瓦车展的 K70 首秀，以便自己可以在 7 月发布大众 K70。为此，大众在萨尔茨吉特修建了一家新工厂（如今变成了大众的发动机加工厂）。K70 的外观在当年看起来十分时髦，纯正的梯形车身非常利落且宽阔，共有 8 扇大窗户，矩形大灯和以黑色为背景、以大众车标为装饰的汽车前脸令人印象深刻。1972 年，K70 的外观又发生了微妙的改变，这也是它在世的 4 年中唯一的改变——车头部的侧边轻微下压，这改善了 K70 的阻力系数。此外，大灯也被改为双大灯设计。

大众 K70 的宽敞空间和便捷性令人震惊，在这一点上它可比第二代帕萨特领先太多了。大众 K70 的轴距为 2,690 毫米，比大众 411 长 190 毫米。K70 和 412 这两款兄弟车采用的承载式车身来自同一家加工厂，而发动机却截然不同。K70 采用了四缸直列发动机，排量为 1.6 升，冲程短，功率为 75 匹或 90 匹，双化油器，顶置凸轮轴。K70 可以采用高转速模式或运动模式行驶。1973 年问世的 Type S 发动机更有高达 100 匹的充足马力。

技术参数	大众 K70
生产类型	中端小轿车
生产时间	1970—1974 年
发动机	四缸直列
排量	1.6 升
功率	75 匹马力
变速箱	四挡手动
驱动	前轮
重量	1,060 千克
最大速度	148 千米 / 小时

十分具有年代感的梯形设计是 NSU 汽车公司设计的。

"我们很酷！"如图所示，大众 K70 也更新了双大灯。

帕萨特

当人们思考哪些车型在大众的发展史上有着非凡意义这一问题时，他们常常不会想到帕萨特。比起光芒耀眼的甲壳虫和高尔夫，帕萨特作为一款经典家用车略显苍白。但这显然是低估了帕萨特的实力。自 1973 年起，共有八代帕萨特驶入千家万户。事实上，帕萨特是继甲壳虫和高尔夫之后第三款成功的大众汽车。

市面上几乎没有哪款车能像帕萨特这般将中端轿车明显拉高了一个档次。帕萨特一直保持着空间越来越大、动力越来越强和质量越来越好的发展趋势。它所对标的是奥迪、宝马和梅赛德斯奔驰旗下的那些适合家庭使用的舒适型轿车。如今，在德意志联邦汽车运输管理局的统计数据中，帕萨特归属于"中高端轿车"，而不再是之前的"中端轿车"，这当然比属于"紧凑型轿车"的高尔夫定位更高。无论是在欧洲市场还是在出口市场，帕萨特都在同类型轿车中占有不容小觑的市场份额。自第二代帕萨特起，充足的空间便是它最核心的竞争力，这也使它成为家庭用车的首要选择。它宽阔的后排空间在当年有着开创性的意义。

帕萨特无疑是一款成功的车型。图为七代帕萨特齐聚一堂。

自 1973 年以来，帕萨特的总产量已经超过了 1,500 万辆。双门版和四门版、掀背式和溜背式，当然还有大众永恒的销量冠军——商旅两用版，再加上四门轿跑，如此多元化的产品组合足以让帕萨特畅销全球。实际上，世界各地也确实都有帕萨特的身影，因为位于许多国家的汽车生产厂都在不同的时间段生产过帕萨特。其中中国尤为引人注目：对大众旗下的桑塔纳来说（桑塔纳在德国鲜为人知，它与帕萨特的渊源会在后文中介绍），中国市场便是它在正确的时间遇到的"那个人"。南美和美国也有帕萨特。但是它主要的生产地始终是德国，最初是在埃姆登，后来茨维考的工厂也参与了帕萨特的生产。

帕萨特 B1 1973—1980

其实，对大众来说，第一款帕萨特的上市称不上是一个成熟而长远的计划，更像是一个应急方案，因为它只是一辆车尾被改装过的奥迪 80。大众旗下的后驱车型长久以来一直为人所诟病，虽然无奈，但这也算是最快的解决办法。融合

奥迪和大众的技术开发新的产品是大众汽车集团的未来发展策略。这固然是因为
奥迪已经占据了中端轿车市场并且已掌握了新的发动机技术，但从长远来看，这
一决定不得不说是大众的幸运。

　　当时的大众 411/412 以及退市的大众 1600 完全不能满足消费者的需求，而
短暂在世的 K70 也完全不能挽回这一局面。此外，大众内部也将更多的精力投
在了即将在一年后上市的高尔夫上——高尔夫可是备受期待的大众救星。当然，
正如我们今天所知，高尔夫成功了。

　　对当时的大众专属设计师乔治·吉亚吉罗（Giorgio Guigiaro，他当时也为高
尔夫忙碌着）来说，设计帕萨特只是动动手指的工夫——不外乎是将直线形、动
感十足的掀背款奥迪改为一辆斜背式轿车。这款新的斜背式轿车也独具魅力，特
别是它的四门版本更加引人注目，它有一扇小小的第三侧窗，这给人们留下了

帕萨特最早上市的 3 个版本：双门版、四门版及旅行版。它们为大众开创了一个新时代。

宽敞的印象。双门版本只有两扇侧窗，其中后侧窗更为细长并向下延伸至尾部。
帕萨特的设计图纸就这样交付工厂生产了。旅行版（商旅两用版）帕萨特随后也
上市了，不过美国人更习惯叫它奥迪 80-Fox-旅行车。

十分实用的设计：向下延伸的后备厢底板和后备厢盖显著提高了后备厢空间。图为经过最后一次
改款的帕萨特 B1。

　　帕萨特 B1 拥有一个长长的车头和略微弯曲的引擎盖，其中帕萨特 GL 配有
矩形大灯，而帕萨特 TS 配备的则是双大灯（和奥迪 80、GTE 一样）。前脸当然
也极具大众风格，双大灯之间是黑色的进气格栅，正中间替代奥迪四环车标的则
是大众汽车的 "VW" 车标。

　　在正式亮相两年后，大众在帕萨特 B1 上首次引入了尾门设计。除了双门和
四门版本的区别，消费者现在还可以选择新款尾门（可以从尾门进入车内——译
者注）或者普通后备厢设计，统计数据显示选择各占一半。在此次改版中，帕萨
特 GL 的矩形大灯变为圆形，TS 的双大灯则不变。

　　在上市的后 3 年里，帕萨特的大灯又依照奥迪 80 改成了更大更宽的样子，
并且还配了同样增大的转向灯和尾灯。此外，现在的后备厢盖开合处几乎与后备
厢底板一致，少了一道门槛，这显著降低了装载行李的难度。

　　帕萨特 B1 配备的发动机是由奥迪公司开发的，其技术基础与奥迪 100 一

致。高架凸轮轴、自动启动的化油器和恒温空调等设备象征着帕萨特领先的技术水平。其发动机为纵置，并位于副车架上，有1.3升排量55匹马力（自1978年下市）、1.5升排量75匹或85匹马力及1.6升排量（1975年上市）这几款可选。动力最足的帕萨特可以达到170千米/小时的最高时速，并有每百千米加速仅需12秒的好成绩——这在当年已十分出色。

1978年，帕萨特引入了高尔夫同款的1.3升排量发动机——大众的模块化生产开始产生协同效应了。更有意义的则是同年柴油发动机的引进。虽然这款采用涡轮增压技术的柴油发动机只有50匹马力，但是这也完全可以满足那些追求经济性且出行频繁的驾驶者们。1979年，该系列进行了最后一款发动机更新——帕萨特GTI配备1.6升排量、110匹马力的新款发动机。

与发动机连接的是位于前桥后方的四速变速箱，而两款大排量发动机连接的则是三挡自动变速箱。帕萨特B1底盘则由前部的三角形横向导臂和后部的刚性轴组成。

其实空间并不是第一代帕萨特的优势所在，不过它也能满足4个成年人或五口之家的出行需求。这一系列车从普通版开始，还有L、LS和TS 3款进阶版本可供选择。它们之间的区别在于发动机，譬如TS有85匹和110匹马力两款发动机可选，而L和LS只有75匹马力发动机在售。在1977年的更新中，TS版退市了。

帕萨特在中端汽车市场中找到了属于自己的位置，并为自己的未来打下了牢固的基础。在7年内，共有超过200万辆帕萨特B1被售出，其中一半是后备厢更小的轿车版本，而旅行版和尾门版则共同占据另一半。

帕萨特 B2 1980—1988

如今的帕萨特变得更加宽敞了——车身不仅变长了，还加宽了。充足的空间感成为大众帕萨特系列的标志。相较于上一代，帕萨特B2的轴距增加了85毫米，车身总长度更是增加了185毫米，而且其尾部的过渡也更为紧凑。虽然人们看不出来，但是帕萨特B2的高度也增加了62毫米。坐在汽车后排的乘客能够明显感受到空间的增加——这可能就是帕萨特作为理想家用车这一美名的开端。乘客们在帕萨特 B2 内可以更加自由地伸展双腿，而且宽阔的车门也使得上下汽车变得更加轻松。

除了宽敞的空间，B2 的宽大车窗也让人更觉舒适。斜背式 B2 还有一个优美的第三侧窗。车顶与腰线之间的衔接也更加柔和。汽车尾灯为四室大灯，方正的外形力量感十足。车头的方形大灯和远光灯是分开的，突出的保险杠设计更强调了 B2 的坚实感。侧面轮廓由高耸的轮拱和在前轮处中断的腰线构成。

旅行轿车通常会为了载物配备车顶纵梁，这一配件使得旅行版帕萨特 B2 不仅具有极高实用性，而且还提供了额外的视觉特点。不过，双门版帕萨特 B2 在外观方面就不那么理想了，加长的后侧窗与双门设计完全不匹配。但这对双门版 B2 来说也不是大问题，因为它早在 1984 年就因为需求过小而停产了。

1981 年在欧洲上市的掀背轿车桑塔纳的性能有些许提升。它本该作为"豪华版帕萨特"吸引更多客户，但实际上它并不能胜任这个角色。1985 年，桑塔纳就不再作为独立车型销售了，而帕萨特系列却承接了桑塔纳的掀背式设计。然而，桑塔纳在德国海外却有很长的寿命。在规划之初，也为桑塔纳提供了双门版设计，不过没有投入实际生产。

技术参数	大众帕萨特柴油版
生产类型	小轿车
生产时间	1980—1985 年
发动机	四缸水平直列
排量	1.6 升
功率	54 匹马力
变速箱	五挡手动，自 1982 年起也有自动挡
驱动	前轮
重量	1,460 千克
最大速度	145 千米 / 小时

内部空间的实用性在溜背版和旅行版帕萨特身上得到了更进一步的体现，主

要因为它们的后排座椅是可以折叠的，不过人们需要为之额外付费。与上一代相比，第二代帕萨特在配置和装潢上有了明显的提升，对想要购买新车的人来说，帕萨特已经步入奢华轿车的行列。

空间奇迹：第二代帕萨特拥有罕见的超大车内空间，旅行版帕萨特更是如此。

从技术层面上来看，帕萨特 B2 较前代并没有大的改动。全系配备排量在 1.3—1.9 升之间的化油器发动机，动力范围为 55—115 匹马力。新款帕萨特车身重量提高了 230 千克，这使得来自上一代的发动机动力略显不足。唯一一款柴油发动机装载在旅行版帕萨特 B2 上，功率为 54 匹马力，但是这也很难带动满载为 1,650 千克的旅行版帕萨特。略去这一缺点不谈，这款柴油发动机非常省油，每百千米油耗仅为 5 升，作者可以用自己的亲身经历证明这一点！

但是在 1982 年，所有功率不足的发动机都被撤回并更换了。涡轮增压技术让发动机功率提高到 70 匹马力。不过最吸引人的还是汽油发动机：五缸，最初配备的是化油器，自 1983 年起更新为喷射器，从而进一步提升了发动机性能。

功率同为 115 匹马力、排量为 2.0 升或 2.2 升的汽油发动机可以分别达到 187 千米 / 小时或 195 千米 / 小时的最高时速。同时，大众也推出了排量更小的同类发动机（1.3 升和 1.6 升）。五缸变速箱（因空置挡位又称"4+E 变速箱"）也得到了广泛使用，但它尚未成为标准配置。

在帕萨特 B2 进行最后一次大改款的前一年，四驱版本帕萨特上市了。但是只有 1984 年上市的旅行版帕萨特拥有四驱版本。大众旗下这种名为 Syncro 的四驱技术可以在锁定后轮差速器的情况下，让前轮差速器传动至分动箱，达到全时四驱的效果。配备着四驱技术和强劲的汽油发动机的旅行版帕萨特 Syncro 售价为 32,700 马克，比基础款帕萨特 GL 5 贵 8,000 马克。由于四驱车在当时的接受度并不高，旅行版帕萨特 Syncro 在 3 年间的产量也只有约 14,000 台。

标志性的掀背式车尾：这种掀背款轿车是最受欢迎的车型之一，其销量仅次于旅行版。

1985 年上市的新系列让人耳目一新：车头的散热格栅配有三个横向百叶窗式装饰，前灯被加大并更换为卤素灯，紧贴车身的保险杠、突出的轮拱和坚固

的保险条都十分亮眼。斜背式车尾如今还新添了后扰流板和更大的后窗。更先
进的五缸发动机功率为 136 匹马力，这是该系列所配备的发动机中动力最充足
的一款。

1988 年 3 月，第二代帕萨特完美谢幕。它的总产量约为 130 万辆，其中
60% 都是旅行版。

塑料装饰主导的外观改版：最终也让帕萨特 B2 焕然一新。

帕萨特 B3　1988—1993

第三代帕萨特在两个层面都采用了全新的设计。从技术层面上来说，帕萨特
B3 首次采用了横置发动机；从设计层面上来说，帕萨特 B3 完全放弃了斜背式
车型这一概念。新款帕萨特只有三厢版和旅行版两款可选，其中旅行版从问世之
初就备受瞩目。双门款也被取消了。对第三代帕萨特来说，仅凭这两款车型就可
以征服消费者了。

帕萨特 B3 外观上最显著的特点就是它的车头没有散热格栅。冷空气经过保
险杆下方的开口流入引擎，发动机自己也可以通过车头的"VW"标志与外界对
流。这不仅仅是单纯地为了好看，还凸显了 B3 出色的空气动力学特性，这两点

都使得第三代帕萨特格外出众。这一项目是由大众旗下设计师赫伯特·K. 谢弗（Herbert K.Schäfer）负责领导开发的，虽然也备受争议，但是这并不能否认第三代帕萨特所取得的成功。

　　由于发动机横置，如今车头所需要的空间变小了。安装在车身侧面的、与保险杠同高的防撞条奠定了 B3 的整体气质。空气动力学方面的改进使 B3 的风阻系数仅有 0.29——这是一个很不错的成绩。这还让 B3 的外观更加流畅：由于省去了雨水槽、狭窄的侧边玻璃和黑色的玻璃包边，B3 看起来更时尚了。大而直立的汽车侧窗也有助于营造出良好的空间感。

　　数据也可证明 B3 相较于其前辈们在空间分布上有着明显的提高。轴距增加了 73 毫米，这当然是人们所欢迎的。尽管车头变短了，但是汽车整体长度增加了 233 毫米——这增大了车内空间。后备厢长度缩短了，不过其高度仍然比桑塔纳的高，整体容量为 495 升，较之前减少了 40 升，但相较其他车型来说也足

放弃了掀背款式的帕萨特 B3 还有旅行版和经典轿车版可供选择。由于后备厢容积非常大，视觉上显得 B3 的车尾很短。

够大了。旅行版由于可以折叠后摆座椅，故而可以达到令人震惊的 870 升行李箱容积和 1,500 升总车内容积。坐在后排的乘客当然也有极高的腿部活动度。如今，入门级的帕萨特 B3 也可选装那些吸引人的配置，例如，部分可折叠的座椅或五速变速箱，这使帕萨特整体系列的定位上了一个台阶。底盘的变化是一项非常重要的技术改进，在底盘后部，新的扭力梁替换了刚性轴，极大地提升了底盘性能。

第三代帕萨特延续了前代 74 匹、90 匹和 115 匹马力的 3 款四缸发动机。此外还新引入了一款 2.0 升排量、136 匹马力的 16 气门型五缸发动机。1991 年，174 匹马力的 VR6 成为帕萨特系列中顶级的发动机。此外还推出一款四轮驱动车——帕萨特 G60 Syncro，配有四缸涡轮增压（G）发动机和 Visco 耦合器。在柴油发动机方面，除了从第二代延续的涡轮增压发动机，还有一款 1.9 升排量、68 匹马力的自然吸气柴油机作为备选。1991 年更新了一款新的 75 匹马力涡轮增压柴油发动机。许多在坚固基础上进行的微小改良让帕萨特拥有了良好的口碑——第三代帕萨特的总销量约为 160 万辆。

帕萨特 B4　1993—1996

严格来讲，帕萨特 B4 只是 B3 的改良款而已。从外观上来看，汽车前部的散热格栅回归了，如今 B4 的前脸是大众经典的"笑脸设计"，转向灯和附加灯具内嵌在保险杠中。侧面的保护条变窄了，并涂有与车身相同的颜色。尾灯也变大了，车身周遭的钣金光滑并富有光泽，至少可以保持 3 年。

帕萨特 B4 有 CL、GL 和 GT 3 款不同配置的车型可选。汽油发动机的排量仍为 1.8 升和 2.0 升，在第四代临近退市的时候还引入了一款排量为 1.6 升、100 匹马力的四缸汽油发动机。VR6 仍然是该系列中的顶级发动机，如今具有 2.9 升排量和 184 匹马力的功率——这仍然只供给四驱版本。在柴油发动机中，1.9 TDL（110 匹马力）的发动机是同系列中顶级的。消费者总共可以在九款不同的发动机中选择自己最心仪的那款。帕萨特系列早已引入了 ABS 系统，如今第四代在自动控制方面也有了新的进步，例如，电控的前部安全气囊、安全带预张紧器和电子防盗系统。

帕萨特 B4 的整体设计风格改动明显，尤其是汽车前部变化巨大。

顶级的帕萨特 B4：配有 2.0 升排量、184 匹马力的 VR6 发动机（1993 年）。

在那个年代，关于汽车环保方面的议题，除了尾气排放之外还有涡轮柴油机的催化剂问题，这都与不伤害环境的材料回收有关。帕萨特 B4 则为此做了充分的准备。尽管进行了多次改版，但是第四代帕萨特还是很快就迎来了自己生命的终结，因为它的销量并不理想。3 年里共有 69 万辆帕萨特 B4 被售出，其中约有 60% 是旅行版 B4。

帕萨特 B5　1996—2000

对帕萨特 B5 来说，一切都是全新的开始——为什么不呢？帕萨特最初便是奥迪 80 的分支，纵向安装的发动机是其标志之一，虽然随后又将发动机改为横置，而如今纵置发动机的时代又重新回来了。第五代帕萨特的大改版背后也有奥迪的技术支持，并且这次不再像 23 年前那样是一项紧急的补救措施了，而是大众长期战略的一部分。帕萨特 B5 现在与奥迪 A4 共享平台，奥迪可从不考虑横置发动机。

1996 年上市的帕萨特 B5 更大也更优雅，虽然它的内部空间并没有任何变化。

除了技术方面，奥迪在帕萨特 B5 的外观上也留下了深刻的痕迹——新款帕萨特的车身已全部镀锌，这是奥迪的经典特征。此外，帕萨特再次变大了，其中轴距增加了 82 毫米，车身总长增加了 98 毫米，车身宽度增加了 26 毫米，车身高度增加了 32 毫米。这一切都让人们觉得帕萨特 B5 很大，并对它印象深刻。其实车内空间并没有变大，因为纵置发动机占据了更多空间。不过也没有人抱怨这一点，毕竟帕萨特的空间已经足够大了。

帕萨特 B5 的弧形车顶最为独特，它确保了前后车窗之间的完美过渡。柔和的线条营造出和谐的画面，在三厢车身设计上效果更佳。这次，三厢款帕萨特 B5 比旅行款更受欢迎，因为由大众首席设计师哈特穆特·沃库斯（Hartmut Warkuss）设计的完美曲线无法在旅行版的陡峭尾部展开。当然，B5 也保留了帕萨特经典的大而笔直的侧窗，充足的空间和光线让乘客始终享有良好的全方位视野。B5 的风阻系数仍然是出色的 0.27，具有良好的空气动力学特性。这款热销的汽车最初只在埃姆登工厂生产，很快茨维考工厂也加入其中。旅行版 B5 在随后的一年里上市，不过生产基础仍然是其良好的销量。

帕萨特的配置水准一直在提高，这也是其未来的发展趋势。大众开始利用自己的中端车型去效仿其他制造商的高端车型，而不仅仅只参考自己的姐妹品牌奥迪。更好的材质、新的卫星控制导航系统、侧面安全气囊以及所有其他常见的高端配置——这便构成了大众旗下的高端线（Highline）产品，它扩充了大众现有的基础线（Trendline）和舒适线（Comfortline）产品，并显著提升了大众的品牌声望。

帕萨特 B5 一共有七款发动机可选，其功率处于 90—193 匹马力之间，包括两款排量分别为 1.6 升和 1.8 升的奥托四缸发动机以及一台 2.8 升排量的 V6 发动机。新引入的 2.3 升排量的 VR5 为五缸发动机。在柴油机领域，最初 B5 采用的便是最有名的涡轮柴油机，1998 年大众对柴油机做出了重大技术更新——引入喷油泵，通过更高的喷射压力实现更大的扭矩、更低的消耗和更低的尾气排放量。在大众使用喷油泵技术几年后，来自奥迪的 V6 涡轮柴油机进一步完善了柴油版 B5。纵置的发动机当然也需要一款新的变速箱。1997 年上市的四驱版帕萨特 B5 Syncro 采用了奥迪的四驱技术 Quattro，其核心变动来自差速器，新的 Torsen 中心差速器取代了之前的 Visco 耦合器。

帕萨特 B5/II   2000—2004

　　帕萨特的升级之路还在继续。大量的改动让帕萨特至少从外观上看起来更具特色，也更令人信赖。更新过后的帕萨特就像一款真真正正的奢华型轿车：前置并镀铬的散热格栅、锐化且放大的前侧车灯，侧面的防撞条也镀上了金属装饰，尾灯也更为显眼。1.8 升排量的发动机被撤销，取而代之的是 2.0 升排量、115匹马力的发动机，自 2002 年起马力上升至 130 匹。

　　2001 年早春，一款全新的发动机问世了——大众帕萨特首次安装了一款八缸发动机。这款名为 W8 的八缸发动机排量为 4.0 升，功率为 275 匹马力，加速至每百千米时速仅需 6.5 秒，最高速度可达 250 千米 / 小时。在构造方面，这款八缸发动机实际上是两个 VR4 发动机的组合。虽然这款顶级发动机看起来很有前途，但是实际上它并不能满足市场需求并于 3 年后退市。帕萨特 W8 售价 41,775 欧元，只比入门版辉腾便宜约 16,000 欧元。我们以 2003 年的帕萨特基础款为例，一辆1.6 升排量的帕萨特 B5 售价为 21,300 欧元，这和一款配置良好的高尔夫差不多。

弧线形的车顶是帕萨特 B5 的标志性特征，如图是 2000 年上市的帕萨特 B5/II。

技术参数	大众帕萨特 W8
生产类型	小轿车
生产时间	2001—2004 年
发动机	八缸 W8
排量	4.0 升
功率	275 匹马力
变速箱	六挡手动或五挡自动
驱动	四轮
重量	1,665 千克
最大速度	250 千米 / 小时

逐渐向高端汽车靠拢：帕萨特 B5 无论是在质量方面还是在配置方面都有明显提升。

帕萨特 B6　2004—2010

　　其实，一些技术的不断改动并不利于产品长期的稳定发展。最新款的帕萨特又将发动机由纵置改为横置了。上一次纵置改动是为了模仿奥迪的基础技术，而这一次的横置改动则是为了与高尔夫保持一致。不过，无论发动机的位置如何改变都不会干扰到帕萨特本身的定位：远超同类的内部空间、良好的工艺水准和一流的乘坐体验。

　　2004 年上市的新款帕萨特 B6 销量火爆，虽然从外观上看它比其享有盛誉的前辈 B5 更加低调。此次也有尺寸更新，B6 的车身总长增加了 90 毫米，轴距增加了 5 毫米。由于它极其富有辨识度的楔形外观、圆润的线条和缩小的侧窗，帕萨特 B6 看起来更接近加大版的高尔夫，不像 B5 那样更类似缩小版的辉腾。设计师保留了优雅的圆拱形车顶，不过车头设计则来自高尔夫：散热格栅一直延伸至保险杠部分，前灯也几乎触及车头中部。捷达的车头设计也与此类似，这其实是大众当时的标志语言。

大众对汽车配置的重视程度越来越高，人们可以在基础线、舒适线、运动线（Sportline）和高端线的产品中自由选择心仪的车型配置。

帕萨特 B6 也拥有全新汽油直喷技术支持的发动机：1.6 FSI（115 匹马力）和 2.0 FSI（150 匹马力）两款，自 2007 年起还推出了涡轮增压支持的 1.4 TSI（170 匹马力）发动机，TSI 技术使汽油发动机在经济性上更接近柴油发动机，并引领了一波新的汽油发动机潮流。帕萨特 B6 搭载的顶级发动机仍为 VR6，其排量为 3.2 升、功率可达 250 匹马力。

如今的柴油发动机不再依靠喷油泵工作，而是按共轨技术为所有气缸提供了一条公用的燃油供应路径。这项技术在当时已经非常普及。在帕萨特 B6 问世 3 年后，大众新的燃油技术"蓝驱"（Blue Motion）也应用在了 B6 上，强劲的 1.9L TDI（105 匹马力）发动机将每百千米油耗降低到了 5.5 升（为实验室测量数值，通常在马路上驾驶产生的实际油耗会比实验室数值高出 20%—30%），可以装载 70 升燃油的油箱，续航里程超过 1,300 千米。

四驱版本的帕萨特 B6 并不是为了野外驾驶而生，而是为了让人们在城市内驾驶也可以享受到更强劲的动力。四驱版 B6 采用了最新的四驱技术：先进的 Haldex 联轴器负责分配车轴动力，它比之前的四驱技术反应更快、更灵敏。此外，帕萨特 B6 所采用的电子技术系统也非常完备，距离控制、紧急制动、电子驻车制动、驾驶启动辅助和自动驻车系统都是 B6 的标准配置，无论是开车还是锁车都可以通过无线控制器远程激活。

帕萨特 B6 最终通过一款重磅产品向人们挥手作别——2008 年上市的帕萨特 R36，有轿车和旅行车两款版本可选，它被誉为投入大批量生产最快的大众汽车。R36 为四轮驱动车，配备了一款全新 FSI 六缸发动机，3.6 升排量，300 匹马力，连接着双离合变速器，可以实现快速换挡。当然，这样的车价格也非常昂贵，一辆旅行版本 R36 售价为 46,400 欧元（轿车版本比其便宜 1,300 欧元）。帕萨特 R36 是第六代帕萨特系列产品中除了帕萨特 CC 外的另一闪光点，它的总销量约为 150 万辆。

技术参数	大众帕萨特 R36
生产类型	小轿车
生产时间	2006—2010 年
发动机	六缸 V 型
排量	3.6 升
功率	300 匹马力
变速箱	六挡自动
驱动	四轮
重量	1,747 千克
最大速度	250 千米 / 小时

轮辋、窗框和车顶护栏的精心设计都使旅行版帕萨特 B6 看起来十分优雅。

帕萨特 CC　2008—2016

仅凭 B6 系列，帕萨特可能并不能完成从中端汽车到中高端汽车的定位提升，然而帕萨特 CC 却毫无疑问地填补了其中的裂隙。2008 年上市的帕萨特 CC 令人惊讶，就像有人对 B6 施了魔法一般，新上市的 CC 如有血肉一般焕然一新、活灵活现。CC 突出的腰线设计和宽阔的轮毂（17 英寸合金轮毂）为其外观增色不少。与当时的帕萨特相比，CC 的前部更为突出，车顶更低，使其整体看起来更为和谐。充满活力的尾灯设计和精心放置的扰流板也让 CC 的车尾看起来与众不同。

CC 看上去便是一款非常吸引年轻人的车型，它拥有四个车门和四个全尺寸座椅，并依照轿跑车设计。与轿车版帕萨特相比，它矮了 50 毫米，却长了 36 毫米，两者的其他数据则几乎相同。CC 的后排只有两个座位，但是它们像高端车一般舒适。显然，CC 是早已不再畅销的辉腾的平价替代品。经过配置调整后，CC 的售价比轿车版帕萨特贵 3000 欧元，比辉腾 V6（以其 2008 年的售价为例）便宜 28,000 欧元。

辉腾和 CC 都是四轮驱动车，它们的发动机功率相似，只是采用了不同的 V6 发动机单元。虽然它们理论上的售价差别巨大，但是在实际生活中，辉腾常常以远低于标价的价格出售。对那些本来就不喜欢辉腾但想要更舒适驾驶体验的帕萨特车主来说，CC 无疑是一个极具吸引力的选择。

专为 CC 设计研发的新型方向盘是一款高端内饰，它集合了辅助系统，以及收音机、电话和新型仪表盘的控制按钮。此外，消费者还可以按自己的意愿选择不同的内饰风格，例如，采用实木或铝制花纹，或者选配独特的氛围灯。

在发动机方面，有 1.8 TSI、2.0 TSI、3.6 V6（四驱）和 2.0 TDI 四款发动机作为常规选择，自 2011 年起还有"蓝驱"技术加持的柴油发动机作为备选。在 CC 上市后的 4 年里，它的销量一直与帕萨特持平，直到 2012 年被继任者替代。

奢华版帕萨特：凭借帕萨特 CC，帕萨特系列一举迈入高端车市场。

　　CC 实际上是大众为后来更为独立的奢华轿车 Arteon（该车型尚未国产，无官方中文译名——译者注）上市所迈出的第一步。与如今的帕萨特 B7 相比，CC 的车型更加平坦，不过，显然 CC 在外观上更接近 B6。总共有 7 款发动机可供 CC 消费者选择，其中功率最强劲的是 300 匹马力的 3.6 V6 发动机。CC 于 2016 年停产，而那也是 Arteon 迈入市场的起步阶段。帕萨特 CC 的总产量约为 50 万辆。

四门版轿跑也可参与赛车运动：图为 CC–Line 跑车。

技术参数	大众 CC 2.0 TSI
生产类型	小轿车
生产时间	2012—2016 年
发动机	四缸直列
排量	2.0 升
功率	210 匹马力
变速箱	六挡手动或六挡自动
驱动	前轮
重量	1,515 千克
最大速度	240 千米 / 小时

帕萨特 B7/B8　2010 年至今

　　一流帕萨特——无论工艺、配置还是技术，皆为顶级。这便是大众在第七代帕萨特于 2010 年 10 月首次亮相时的宣传语。这是否意味着奥迪、宝马或者奔驰在高端轿车市场中的定位被动摇了呢？这种竞争性因素实际上作用明显，帕萨特完成了阶层跳跃，同时在质量上也有极大提升。作为长时间努力的结果，如今的帕萨特对标的是奥迪 A6、宝马五系和奔驰 E 级等车型，而不是从前的奥迪 A4、宝马三系和奔驰 C 级等车型。对许多计划购车的消费者来说，如今的帕萨特是一个介于两档之间、十分吸引人的选择，而不仅仅是因为价格便宜才选择它了。

　　帕萨特系列的自信心如今更强了。在此之前，豪华轿车辉腾进行了它有生之年的最后一次改版，而帕萨特则继承了辉腾的车头设计：宽大的层状散热格栅、中间大面积的"VW"车标和无缝衔接的车灯设计，营造出了一个十分优雅的圆形前脸。对帕萨特来说，尺寸便是立足之本，而它加长的轴距并未影响到外观。着重强调的腰线设计让帕萨特看起来更加宽敞。旅行版帕萨特也经过精心设计，它的第三侧后窗与弧形后窗一起构成了帕萨特旅行车的独特视觉体验。

带着充足的自信心和更宽的车身，第七代帕萨特于 2010 年首次亮相。

技术参数	大众帕萨特 1.4 TSI
生产类型	小轿车
生产时间	自 2014 年起
发动机	四缸直列
排量	1.4 升
功率	125 匹马力
变速箱	六挡手动
驱动	前轮
重量	1,292 千克
最大速度	208 千米 / 小时

　　新款帕萨特的轴距、车辆总长度和高度都没有增加，只有宽度增加了 140
毫米。在空间分配方面，经典的帕萨特无论如何也不会输给竞争者，故而没有
必要进一步提升车内空间。汽车升级主要体现在内饰方面。除了已知的基础
线、舒适线、高端线的产品，如今帕萨特还引入了专业线（Exklusive）。专业
线的灵感源于大众旗下的 R 高端汽车产品线，主要包括 18 英寸合金轮毂、皮
革座椅和木质装饰。价格范围在 24,750 欧元（1.4 TSI 基础线）到 43,275 欧元

（V6 四驱高端线）之间。 梅赛德斯 – 奔驰 C 级起价为 32,695 欧元，奥迪 A4 起价为 27,100 欧元，宝马三系起价为 28,980 欧元。奥迪 A6、宝马五系和奔驰 E 级起价为 43,000 至 53,000 欧元（以 2011 年的售价为例）。 由此可见，帕萨特具有明显的价格优势。

发动机技术仍在不断发展，并集合了整个大众汽车集团公司的技术优势。1.6 发动机已经下市，1.4TSI（122 匹马力）、1.8TSI 和 2.0TSI 发动机得以保留，3.6 V6 发动机也还存在，但是 3.2 VR6 发动机被撤销了。柴油发动机则有 1.6 TDI 和 2.0 TDI 两款，其功率分别为 140 匹马力和 170 匹马力。此外，还有六挡手动变速箱和七挡双离合变速箱可供消费者选择。

帕萨特的安全性能也在不断提高，由于电子技术的进步，帕萨特装载了越来越多的安全系统，比如城市紧急制动系统、距离控制系统、车道偏离警告，以及舒适线产品中所配备的睡意检测功能（基于车辆转向数据）、自动远光灯（遇到对向车时会自动关闭）。在这么长的时间以后，帕萨特终于推出了一款新车型——基于奥迪技术的帕萨特 Alltrac，这是一款离地间隙更大的旅行车，外观看起来更接近于越野车。最初，只有四驱车配备功率强劲的发动机，但自 2013 年起，所有 Alltrac（大众旗下跨界旅行车的统称后缀）都安装了强大的发动机。

在 2014 年的巴黎车展上展出的新款帕萨特在外观上有着明显的改动。它的轴距增加了 80 毫米，但是总长度保持不变，因此，如今的帕萨特从前部看起来更接近辉腾了。其发动机方面并没有很大的改动，不过新引入了混合动力发动机。帕萨特 GTE 配备了四缸 1.5 升（156 匹马力）汽油发动机和 85 千瓦（115 匹马力）的强劲电动发动机，而混合动力总功率可以达到 218 匹马力。两种动力系统可以同时工作，若出行里程不超过 50 千米，也可依靠纯电力行驶。

截至 2018 年，大众在德国市场上共推出了 40 种不同款式的帕萨特，其中最为重要的只有两种车身设计（轿车版和旅行车版）。帕萨特 CC 已经停产，因为随后上市的 Arteon 作为独立车型取代了它的位置。如今，帕萨特在量产汽车市场中的地位和问世之初一样非常牢固。截至 2018 年，共售出了约 160 万辆帕萨特。帕萨特、高尔夫和 Polo 共同构成了大众汽车旗下的三大车型支柱。

帕萨特 Alltrack 在
面对极端路况时也
游刃有余。

高端帕萨特：帕萨特 B8 于 2014 年正式进入竞争激烈的市场。

这只是 40 年纪念款帕萨特中的两款：2018 年，有更多款帕萨特旅行车问世。

桑塔纳

　　如果以德国市场的成绩作为标准，那么桑塔纳绝对算不上成功。然而，这款在德国如此不受欢迎的三厢轿车却成了一款世界性汽车。当然，原因也十分简单：三厢轿车在哪儿都受欢迎，唯独除了德意志联邦共和国。此外，桑塔纳是大众在中国投资建立的合资公司生产的首款汽车。在那个时代，除了中国有汽车企业红旗、功能性轿车上海 760 和北京牌越野车，桑塔纳是唯一一款在中国制造的外国汽车。

　　仅仅凭借中国一个国家还不足以让桑塔纳成为世界性汽车，在其他许多国家都有它的身影：在日本，桑塔纳由日产公司代为建造；在美国和巴西，桑塔纳分别以 Quantum 和 Corsar 的名称出售；巴西则设计了双门轿跑版桑塔纳，类似依照中国国情在本土开发的桑塔纳 2000，桑塔纳原版也一直在巴西销售，直至 2006 年才停产。

虽然这款三厢轿车有着更好的配置和装饰，但是桑塔纳在德国并不受欢迎，不久后就更名为帕萨特，不再作为独立车型出售。

高尔夫

在汽车世界中，很少有一款车能代指一整类车型，大众却凭借高尔夫做到了这一点——起码在欧洲大陆，紧凑型轿车的别称即为"高尔夫类车型"。作为甲壳虫的接班人，高尔夫于 1974 年上市。它的外观新颖又极具吸引力，所以高尔夫迅速占领了德国市场。"高尔夫"这个名字在汽车发布会之前就已公之于众，人们对它有诸多的想象与期待。在那个年代，大众更喜欢用与大自然有关的概念为汽车命名，比如，大众 Polo 的名称便源于极地涡旋，"高尔夫"也可指代一种墨西哥湾的洋流，但是大众这次的本意其实是指高尔夫运动。

高尔夫的技术层面十分多元，借鉴了很多车型。横置发动机和前轮驱动算不上新颖，市面上早已有许多类似构架的车型，例如 Simca 1100、Renault 12 和奥斯汀 Allegro。当时，Simca 110 和奥托比安希 Primula 也掀起了一阵掀背式和组合式车身的流行热潮，而受到它们影响的高尔夫极好地融合了这两种风格。在高尔夫紧凑的车身下，包含着先进的驱动技术、良好的空间布局和极高的实用性。首次亮相时，高尔夫的外观看起来就是同类车型中最出类拔萃的那一个。相对甲壳虫来说，它的尾部空间有显著的提升，与竞争者相比也丝毫不输。所以，这款新上市的大众汽车销量一飞冲天，而且它的好名声也不仅仅局限于大众品牌拥趸的小圈子，它在社会各界都广受赞誉。

高尔夫重新定义了紧凑型汽车。图为前六代高尔夫的 GTI 版本车型。

彼时，位于沃尔夫斯堡的大众集团总部发生了两件大事。大众的时任首席执行官鲁道夫·雷丁（Rudolf Leiding）决定停止内部开发中置发动机 EA 276 这一项目，并从 NSU 汽车公司购买技术。在此背景下，前任 NSU 董事会成员汉斯·乔治·温德洛斯博士（Dr. Hans-Georg Wenderoth）全权接管了第一款高尔夫的设计与开发。

此外，大众一直重视且精心维护的客户服务也为高尔夫加分不少，最核心的业务便是为驾驶者提供的便利且稳定的维修服务。甲壳虫驾驶者可能已经对这项服务很熟悉了，新的高尔夫驾驶者也将体验到这种便捷。当然，高尔夫的驾驶体验也非常舒适，前轮驱动、现代化的底盘和源自奥迪的运动式发动机，这些是良好驾驶体验的基础。高尔夫七代车型都提供了 GTI 版本，在兼具稳定性的同时又能为消费者提供澎湃的动力体验。当然，作为一款主打产品，每一代新高尔夫的技术都有显著的改进，并促进了柴油发动机在紧凑型轿车中的广泛应用，从而使汽车更加环保、安全。

第一款高尔夫仅提供了两厢车这一种车身设计。自此，两厢车成了高尔夫最具辨识度的标志。从第三代开始，高尔夫也开始提供真正意义上的旅行版本。和高尔夫核心技术一样但外观不同的另一款独立车系列便是捷达，它采用掀背设计，为三厢车，虽然在德国市场上不如高尔夫那么重要，但它也是大众旗下不可或缺的一款产品。高尔夫沿袭了大众历来的传统——推出了令人关注的敞篷版。在过去的 44 年里，大众高尔夫的身影遍布世界各地，并且在阿根廷、巴西、中国、南非和美国都有本土生产。

高尔夫是大众的核心项目，大众旗下许多其他车型，例如轿跑车尚酷、MPV 途安、复古款新甲壳虫和敞篷车 EOS，都是以高尔夫的核心技术为基础设计和建造的。作为一款系列轿车，高尔夫成长迅速且发展迅猛。第七代高尔夫的轴距与 1988 年款帕萨特的一样，而如今的 Polo 仅略大于第二代高尔夫。那么销量呢？自 1974 年问世以来，大众已经售出了超过 3,500 万辆高尔夫。人们经常争论，大众高尔夫和丰田卡罗拉，到底谁才是紧凑型轿车中的王者？它们之间区别不大，卡罗拉的销量更高，但它的售价比高尔夫略低。

第一代高尔夫　1974—1983

高尔夫非常惹人喜爱。它的设计语言新颖又晓畅，没有借鉴任何一款已有车型，独具美感，开创了一个崭新的汽车时代。设计师乔治·朱吉亚罗（Giorgio Giugiaro）为高尔夫独家打造了十分特别的车身：虽然线条简单，看起来像一个方形盒子，但是经过精确计算的车身比例让它从整体上看起来极具现代感。宽大笔挺的车窗、硬朗的汽车头尾、角度明显的引擎盖板、视角开阔的挡风玻璃和灵巧的 C 柱设计，这些元素巧妙地组合在了一起。镀铬饰条和流畅的腰线也让汽车侧面看起来十分精致。前大灯是整个汽车造型中的点睛之笔——两个圆形的大灯位于散热格栅两侧，略微突出，引人注目。

高尔夫尾部的后备厢盖很大，虽然它的开合处没有达到保险杠的部位，但其实用性非常强。第一代高尔夫有双门版和四门版两款，且后排座椅可以整体向下折叠，因此高尔夫也可作为小型的商旅两用车使用。虽然高尔夫的外部尺寸更小，但其内部可用空间非常充足，这唤起了曾经的甲壳虫驾驶者的兴趣。与甲壳虫相比，高尔夫的总长短了 405 毫米，其后备厢容积为 350 升，若将后排座椅折叠，则可提高至 700 升。

第一代高尔夫在首发式上就令人刮目相看：无论是整体设计还是空间分配，它都别具一格。

1978 年，高尔夫进行了精妙的外观更新，包括更大的塑料保险杠。

第一款高尔夫的正式名称带有 LS 标记，名为高尔夫 LS，配有一款来自一年前上市的帕萨特的 1.5 升排量发动机，实际上这也是来自奥迪的技术。一年后，由于排量增加，发动机功率由 70 匹马力提高至 75 匹马力。在基础款高尔夫中，这款发动机于 1977 年退市，取而代之的是一款 1.5 升、70 匹马力的短冲程发动机，这便是高尔夫系列引入的第一款新型引擎。

几个月后，更为入门版本的高尔夫问世了，它配有一台 1.1 升排量、50 匹马力的小型发电机，奥迪 50 和后来的大众 Polo 也配有这款发动机。对普通消费者来说，入门版高尔夫的配置就已经足够了。

但是 1975 年上市的高尔夫 GTI 仍然引起了巨大轰动——110 匹马力、最高速度达 183 千米 / 小时、每百千米加速仅需 10 秒——这可是欧宝 Manta GTE 和配有六缸发动机的福特 Capri 才能达到的数据。高尔夫 GTI 的憨厚车身下隐藏着强劲马力，是一款紧凑型轿车中的跑车。它开创了一个崭新的汽车类别，并掀起了另一场激烈竞争。所有汽车制造商都被 GTI 中的神奇字母 "I" 吸引，而它所代表的汽油喷射技术也由此迅速传播开来。

技术参数	大众高尔夫 GTI
生产类型	紧凑型轿车
生产时间	1976—1982 年
发动机	四缸直列
排量	1.6 升
功率	110 匹马力
变速箱	四挡手动
驱动	前轮
重量	870 千克
最大速度	183 千米 / 小时

大众随后又重新在基础款高尔夫上配备了 1.6 升发动机，但是这次采用了直喷技术。大众第一款高尔夫 GTI 像所有其他高尔夫车型一样，配备的是四挡变速箱，直到 1979 年才更新为五挡。新开发的三挡自动变速箱早在 1975 年就实

装了，唯独 GTI 没有采用自动挡，也没有采用大众著名的"4+E 变速箱"（第五挡为空挡），而后者在 1980 年至 1983 年间应用得非常广泛。

也许在高尔夫系列的历史上，比高尔夫 GTI 更重要的事件就是 1976 年 9 月问世的柴油发动机了。崭新的发动机设计（涡流室方式使 1.5 升排量的发动机可以达到 50 匹马力的功率）在很短时间内改变了人们对柴油机表现不平稳的印象。大众在柴油机方面的工作极具开拓性，就算是极具柴油开发经验的法国汽车品牌也没有大众走得远。当然，最亮眼的数据还是油耗：每 100 千米仅消耗 6.5 升柴油，若驾驶习惯好、有意节约的话，油耗还能更低；而一款功率同样为 50 匹马力的汽油机则需消耗 9.5 升汽油。在德国，一台柴油版高尔夫比同功率的汽油版（售价 10,470 马克）发动机贵 1,270 马克，高尔夫 GTI 的售价通常为 13,850 马克。而随后问世的高尔夫 GTD 又一次引爆了柴油发动机世界，并将功率轻松提升至 70 匹马力。

在从甲壳虫至高尔夫的转变过程中，人们很难注意到高尔夫的汽车底盘和悬吊也经历了不小的改动，由曾经的分散式变成了如今的自承式底盘，且前部的麦弗逊悬挂和横置叉臂与尾部的扭力梁结构一起组成了高尔夫现代化的悬吊系统。自 1975 年起，汽车前轮的盘式制动器也成了高尔夫系列的标准配置。

不过，对大众来说，由甲壳虫至高尔夫的生产转变并不轻松。质量把控是个严峻的考验，尤其是棘手的防锈工作。但好在大众很快就找到了解决之法，公众也逐渐忘却了大众汽车之前的一些小问题。直至 1978 年，高尔夫才进行了第一次外观改版，主要是加宽了保险杠。接下来的改版也较为谨慎，如 1980 年的改版更新了六室尾灯及更大的保险杠。第一代高尔夫总共在世 9 年，作为甲壳虫接班人的它也取得了极大的成功，并于 1983 年奠定了世界公认的"高尔夫级别"紧凑型轿车。包括了敞篷版高尔夫，其总销量约为 640 万辆。但捷达作为一款独立车型，其销量并未计算在内。

第二代高尔夫　1983—1991

高尔夫仍然是高尔夫，但是可以变得更大——这便是第二代高尔夫所传递的

信号。新款高尔夫的长度和宽度都延长了，包括行李箱空间也有所提升。除了 75
毫米的轴距提升和 280 毫米的总长提升之外，第二代高尔夫的外形也变得更为圆
钝，尤其是汽车侧面和行李箱盖的线条更为柔和，不过人们还是能一眼就认出这
就是高尔夫。就比例而言，高尔夫不再那么引人注目，而这正是由赫伯特·谢弗
（Herbert Schäfer）所领导的设计部门想要的——高尔夫不再是令人惊讶的新人，
而是紧凑型轿车中沉稳的代言人。由于流线型设计，第二代高尔夫的空气动力学
性能更好，空气阻力系数降低为 0.34，较第一代提高了 19%。在第二代高尔夫在
售的八年中，仅在 1987 年进行了一次微小改款，主要是轻微改变了散热格栅和后
视镜，并扩大了大众 "VW" 车标。也是从那时起，马力更强劲的高尔夫版本 GT、
GTD 和 GTI 在前中部额外装配了两个大灯以示区分。高尔夫第二代看起来低调沉
稳，凭借前代成熟的技术水平取得了相似的成功。第二代也保留了双门和四门两
个版本。1984 年问世的第二代捷达也巩固了大众在紧凑型轿车市场中的地位。

第二代高尔夫 GTI 版：1982 年问世的 GTI 配备了一款体积更大、功率与前代近似但扭矩更高的发动机。

停车充电：早期的电动汽车都因为功率不足且电池重量超标失败了。

在改良化油器技术后，一款新的 70 匹马力直喷式汽油发动机成了高尔夫系列的备选。第二代高尔夫 GTI 和两款柴油发动机的喷嘴暂未更新。在汽车的总体发展过程中，1985 年引入的汽油机催化剂和 1989 年引入的柴油机氧化催化剂也极具意义。

但是这与 1985 年新推出的 GTI 发动机相比也算不了什么——四气门技术的 16V 发动机重新定义了高尔夫的速度：139 匹马力，最高速度为 208 千米 / 小时。与此同时，高尔夫 GT 配置的发动机功率为 90 匹马力，与 GTI 一样均为前置发动机。1990 年，高尔夫又一次刷新了数据：高尔夫 GTI G60，160 匹马力，最高速度为 220 千米 / 小时。GTI G60 的技术基础仍然源自第一代 GTI 发动机，只是新采用的机械增压技术显著提高了燃烧效率和发动机功率。基于这款高尔夫，大众推出了两款非常特别的四驱车型：高尔夫拉力版和高尔夫 G60 限量款。

第一次更新换代：第二代高尔夫比前代更大，且非常耐用。

1987 年，第二代高尔夫进行了外观改款，最显著的便是保险杠的不同。

技术参数	大众高尔夫 Country
生产类型	紧凑型轿车
生产时间	1990—1991 年
发动机	四缸直列
排量	1.8 升
功率	98 匹马力
变速箱	五挡手动
驱动	四轮
重量	1,220 千克
最大速度	163 千米 / 小时

　　接下来所介绍的车型在高尔夫系列中的技术地位同样非常重要。1985 年，高尔夫 Syncro 版本上市，因为它采用了横置发动机的布局，故而不能直接照搬帕萨特所使用的、基于奥迪纵置发动机的四驱技术，必须重新设计。奥地利的斯泰尔公司为高尔夫量身定做了一款 Visco 耦合器，以便平衡前轮和后轮之间的扭矩并控制后轮空转。高尔夫 CL 和 GT 均采用了 Syncro 四驱技术。如果你特别想要驾驶四驱汽车，或者经常在不平坦的路面上驾驶，1990 年上市的高尔夫 Country 肯定是你的首选。这是一款越野型高尔夫，离地间隙提高了 140 毫米，看起来有点笨拙。只是高尔夫 Country 在售时间并不长，并且也没有相应的后继车型。

　　高尔夫第二代无疑也取得了里程碑式的成功，与前代高尔夫一样，它取得了 630 万辆销量的好成绩。在人们的印象中，第二代高尔夫是一款适于日常驾驶的实用型车，尽管 16V、G60 和 Country 这几个版本并不太适合日常使用。如今，在某些国家的大街上甚至依然能看见许多第二代高尔夫。第二代高尔夫由第一代发展而来，是一款完全成熟的汽车产品，几乎克服了前代的所有缺点，机器极其耐用。有哪款车在涉水时发动机半没于水中仍然可以立即启动（但电机和启动器必须随后维修）？答案是高尔夫第二代，这可是本书作者的亲身体验。

第三代高尔夫　1991—1998

　　如果一款车推出了续作，就说明前代车型成功了。第三代高尔夫与第二代一样，续写了高尔夫的辉煌篇章。轴距虽然未变，空间却再次提升；谨慎的外观设计和一系列顶级发动机是第三代高尔夫的标志性特点。此外，高尔夫旅行版也于此时正式上市。区分新款和旧款的最好方法便是更改汽车前脸。第三代高尔夫首次配备了平坦且宽大的前灯，散热格栅面积变小，大众"VW"车标也缩小了。汽车的侧壁变得更加光滑流畅，轮拱上方从前至后的实线设计被删去，取而代之的是从前大灯延伸至尾灯的突出腰线。边缘更加贴合的车窗不仅使汽车看起来更加优雅，还改善了汽车的空气动力表现。就这样，通过一些简单的改良，第三代高尔夫拥有了更优雅的外观。

产品版图扩张：高尔夫旅行版首次在第三代高尔夫中亮相。

　　全新问世的高尔夫旅行版如今成了高尔夫系列产品的重要成员，市场对紧凑型旅行车的需求太大了，大众不能对其置之不理。新款高尔夫旅行版相较第一款高尔夫底盘空间更大，是完全有能力作为一款商旅两用车使用的。高尔夫旅行版也可选配许多不同的发动机，包括四轮驱动系统也可选装。高尔夫旅行版比第三代高尔夫晚一年问世，故而也晚一年退市。除了双门版、四门版和旅行版这三款不同的车身设计，第四款设计——敞篷款高尔夫于 1993 年首次上市。

现代感更强，车内空间更大：第三代高尔夫延续了前辈们的成功。

正面：图为 20 世纪 90 年代中期的高尔夫的汽车车头。

人们历来信任高尔夫的发动机技术，不过首发仪式上的新款发动机还是再一次惊艳了世人：高尔夫首次配备了一款六缸发动机，并且是横置的！这款 VR6 发动机的气缸排列非常紧密，两排气缸之间的夹角仅有 15°。2.8 升排量、174 匹马力意味着强大扭力和无与伦比的驾驶乐趣，高尔夫 VR6 可以达到 224 千米 / 小时的最高驾驶速度，且其每百千米加速仅需 9.6 秒。VR6 在车头有着醒目的标识，这主要是为了彰显第三代高尔夫的 38,400 马克的售价，这几乎是入门版高尔夫 1.4L 的两倍。除了这款 VR6 发动机，大众还在第三代高尔夫中取消了 1.6 升柴油发动机和 1.3 升汽油发动机，且现存的所有汽油发动机采用的都是直接喷射技术。

技术参数	大众高尔夫 VR6
生产类型	紧凑型轿车
生产时间	1991—1997 年
发动机	六缸 V 型
排量	2.8 升
功率	174 匹马力
变速箱	五挡手动
驱动	前轮
重量	1,210 千克
最大速度	224 千米 / 小时

首次问世于 1993 年的涡轮增压直接喷射柴油发动机虽然不像 16V 发动机一般引人注目，但仍在柴油发动机领域有着不可或缺的重要地位。最初它的功率为 90 匹马力，1996 年提升至 110 匹马力——这和高尔夫 GTI 的功率是一样的！当然，第三代高尔夫也使用了另一项新型柴油机技术，也就是 1995 年首次问世的自然吸气直接喷射式柴油发动机（SDI）。同年底，四驱版本高尔夫 Syncro 的配件更新虽然迟了一些，但还是到来了，新配备的 VR6 发动机功率升高了 16 匹马力，排量也更大了。

紧凑型轿车的安全标准也在不断提高。自 1992 年起，高尔夫可以选装两个前排的安全气囊，自 1997 年起可选装侧面的安全气囊。ABS 系统自 1996 年起就已经是大众高尔夫系列的标准配置。最初的高尔夫有 3 个版本，分别被称为 CL、GL 和 GT。在第三代高尔夫即将下市之时，大众推出了几款特殊的限定款车型，它们至今都令人难以忘怀，譬如与"滚石乐队""邦·乔维（Bon Jovi）"联名的特别款高尔夫。在 8 年内，第三代高尔夫的销量达到了 480 万辆。

第四代高尔夫　1997—2004

　　高尔夫的尺寸越来越大。第四代高尔夫在紧凑型轿车市场上掌握了比前辈们更多的话语权，并且主导了这系列车型的未来发展趋势。更好的配置和更加自信的外形让第四代高尔夫轻松胜出。由于更大的尺寸（轴距增加 40 毫米，总长度增加 165 毫米）、更加鲜明的轮廓和焕然一新的全脸，新款高尔夫从头到脚都给人一种全然不同的感觉。

大方又宽敞：第四代高尔夫凭借更宽阔的车身设计开始了自己的征程。

　　它的前大灯也变大了，并换上了更加清晰的玻璃外壳；散热格栅中央醒目的大众标志让汽车视觉上看起来更加宽敞。精致的轮毂提升了汽车的整体气质。车身现在也不再像一个标准的梯形，给人的整体感觉更为柔和，周围的车窗也变大了。后备厢盖倾斜角度变小，而且汽车号码牌也被转移到了保险杠上，这使后备厢看起来更加宽敞。新款高尔夫的另一个显著的外观特点便是其极宽的 C 柱。

技术参数	大众高尔夫 GTI
生产类型	紧凑型轿车
生产时间	1997—2000 年
发动机	四缸直列，或涡轮增压柴油发动机
排量	1.9 升
功率	110 匹马力
变速箱	五挡手动或四挡自动
驱动	前轮
重量	1,710 千克
最大速度	193 千米 / 小时

　　第四代高尔夫旅行版的设计却有所不同，得益于修长的第三侧窗及更大的后车窗，它看起来比轿车版更加优雅且宽敞，当然，实际上它的车身总长度只比轿车版多出 195 毫米。在后排座椅完全折叠的情况下，高尔夫旅行版的车内容积可达到 1,470 升——它与帕萨特旅行版一样是非常受欢迎的家庭用车。

　　第四代高尔夫旅行版和帕萨特一样，有不同的产品线可供消费者选择，包括基础线、舒适线和高端线 3 种，其中高端线与基础线的产品差价达到了 8,000 马克。一个引人注目的设计细节是汽车的仪表盘，配有蓝色灯光和红色指针，显得既优雅又高级。

　　发动机技术的发展也决定了第四代高尔夫的走向。新款高尔夫传承了前代成熟的底盘技术。在汽油和柴油发动机两个方面，第四代高尔夫也带来了两项全新的技术——柴油机的泵喷嘴技术和汽油机的直射技术 FSI。最初，第四代高尔夫只保留了前任车型中的五款汽油发动机（共六款），并采用一台 1.8 升排量、五气门的奥迪发动机替换了一台排量相同的自然吸气式发动机。另外一款直列四缸发动机则是高尔夫四代的第二款新型发动机，有着 150 匹马力，和帕萨特所配备的 VR5 发动机一样。顶级的发动机则是 VR6：四气门、204 匹马力、2.8 升排量。

1999 年推出的泵嘴高压喷射技术是大众的独创设计，通过分别控制每个气缸，可以达到减少污染物排放的效果，并且十分节能。在随后的 10 年里，这项技术对大众旗下的柴油汽车发展起到了决定性的作用。自 2002 年起，改良后的汽油发动机直接喷射技术使汽油机也可以达到近似于柴油机的油耗，故而逐渐削弱了柴油机的地位，至少在燃油车更贵的低端车型中是这样的。

直喷技术带来的油耗减少是显而易见的，传统的 16 气门、105 匹马力发动机与新型 16 气门、110 匹马力的 FSI 发动机相比，每百千米油耗要高出 1.4 升（欧盟标准）。同年，高尔夫还推出了天然气驱动版本，它的发动机技术源于一款 1997 年引入的 1.4 升、四气门天然气发动机（75 匹马力）。这项名为"双燃料"的技术有助于节省燃油。更加环保的燃料——天然气，是当代的热点议题之一，只是加气站网络的构建与扩张进展十分缓慢。

四轮驱动技术变得越来越流行。大众与它的合作伙伴——四驱车技术先锋奥迪，在这个领域当然也已经积累了丰富的经验。1998 年，又一项全新的四驱技术问世了。Visco 耦合器已不能满足需求，如今由电子控制的 Haldex 联轴器负责将前轮产生的动力连续且稳定地传导到后轴。大众为这项新的四驱技术取名为"4 Motion"。以 VR5 发动机为例，它将由一个新式的多连杆与六速变速箱和后桥连接在一起。这款采用"4 Motion"技术的四驱版高尔夫轮胎上也有一个显著的标志。2000 年，它的售价为 49,700 马克，成为高尔夫系列中最贵的型号，而其中最便宜的高尔夫售价仅为 26,900 马克。若想将 1.8 升 TDI 或 VR5 的高尔夫车型升级成为四驱版本，你可以额外支付 3,000 马克得偿所愿。

20 世纪 90 年代后半期，紧凑型轿车的驾驶安全性向前迈出了一大步，车身电子稳定控制系统（ESP）也获得了广泛的认可。大众自 1998 年起开始提供 ESP 系统，若汽车打滑，ESP 会给部分车轮进行制动。而第四代高尔夫的生涯也就此走向尾声，其总销量约为 430 万辆。

在末期达到巅峰：2002年上市的高尔夫R32配备了来自辉腾的3.2升六缸发动机。

第五代高尔夫　2004—2008

　　如今是第五代高尔夫大展拳脚的时候——升级后的新款高尔夫使高尔夫系列的口碑更上一层楼。新款高尔夫的外观大体上没有变化，包括其标志性的宽大C柱。细小的改变，如更大的前大灯、梯形的整体轮廓和新的尾灯设计则为人们带来了新鲜感。汽车尾部的变化不小，重新改版的车顶扰流版和具有全景视角的后窗玻璃让新款高尔夫的尾部与以往截然不同。汽车前部还是高尔夫历来的经典构型，只是带有大众标志的散热隔栅变得更加扁平，引擎盖也进一步向下延伸。新款高尔夫的轴距增加了67毫米，总长增加了57毫米，这也使得车内空间有了些许改变，主要体现在后排座椅空间变得更加宽裕了。

　　大众这次在旅行版上花了不少心思。直到2007年春，第五代旅行版才姗姗来迟，从第四代旅行版高尔夫手中接过接力棒。新款高尔夫旅行版的设计非常和谐，第三侧后窗与楔形车身非常契合。此外，在旅行版的基础上，大众还于2004年向公众介绍了 Golf Plus，意即更高的离地间隙。对那些喜欢更高视野和座椅的人来说，Golf Plus 是个不错的选择。

第五代高尔夫系列中的运动型轿车：高尔夫 GT。

技术参数	大众高尔夫 TSI
生产类型	紧凑型轿车
生产时间	2007—2012 年
发动机	四缸直列
排量	1.4 升
功率	140 匹马力
变速箱	六挡手动或六挡自动
驱动	前轮
重量	1,464 千克
最大速度	165 千米 / 小时

耐力持久：第五代高尔夫越野版，配备 2.0TDI 发动机，功率强劲且实用经济。

　　从技术角度来看，第五代高尔夫并没有采用构造新颖的新型发动机，而是在实践的基础上对底盘进行了修改。四连杆后桥取代了老旧的扭力梁结构。在发动机方面，两款汽油发动机（1.4 升和 1.6 升 FSI）和两款柴油发动机（1.9 升 TDI 和 2.0 升 16V）是该系列的起步配置，不久后又新增了一款 75 匹马力的 SDI 发动机、1.4 升及 2.0 升 FSI 汽油发动机。小排量的 TDI 发动机随后上市，1.4 升 TSI 发动机于 2007 年 6 月上市。

　　双离合变速箱也随着第五代高尔夫的上市传播开来。第五代高尔夫 R32 是市面上首款使用双离合变速箱的车型，并在最初做了一些促销活动。从长远来看，双离合变速箱在大众汽车的发展历程上起到了双重作用，一方面，它可以十分便捷地实现自动无间隙六挡换挡；另一方面，驾驶员可以通过摇杆快速提高挡位，而不用踩下离合器。开始时，市面上仅有双离合变速箱与两款 FSI 发动机的搭配。自 2004 年 3 月起，也有 TDI 发动机可供选择。2007 年，双离合变速箱被升级为七挡变速。

第五代高尔夫在环保和安全性方面的技术进步也不容小觑。最初上市的第五代高尔夫便配备了 6 个安全气囊、ESP 系统和 Isofix 儿童座椅束缚系统。TDI 发动机的柴油颗粒过滤器、尾气处理技术 "Blue Version" 和一款使用生物柴油的发动机都象征着大众为降低环境污染所做出的努力。使用生物柴油是为适应可再生能源的时代要求，而事实证明这并非长久之道。

大众还是为消费者提供了三款不同的产品线，基于不同的配置有各不相同的价格。此外，大众总是推出一些非常吸引人的特别版车型，如 "摇滚 50 周年纪念版" "Tour" "Goal" "GTI30 周年纪念版" "GTI 倍耐力合作版"，等等。GTI 不再是高尔夫系列的单一车型。高尔夫 GTI 系列（大众高尔夫的高性能版本）可以配备不同的发动机，如 1.4 升 TSI 发动机、2.0 升 TDI 发动机或者 2.0 升涡轮增压柴油机等。其中配备 250 匹马力、VR6 发动机的大众高尔夫 R32 无疑是该系列中的顶级产品。在相对较短的寿命里，第五代高尔夫的总销量达到了 430 万辆——这无疑是一个不错的成绩。

第六代高尔夫　2008—2012

"我们仍在继续努力，我们仍在打磨自己的产品。"这是大众 2008 年问世的第六代高尔夫的宣传用语，但它的措辞其实可以更加华丽。新款高尔夫的外观与以往基本保持不变，包括外部和内部尺寸也是一样的。前大灯的形状为贴合车头曲线有轻微改变，散热格栅更为扁平且明显，保险杠和扰流板的颜色一致，如同一个整体——这便是新款高尔夫的车头设计。第六代高尔夫的尾灯变得更平更宽。从整体上看，第六代高尔夫的车身线条更加平滑。而第六代高尔夫旅行版则于 2009 年才上市。

最早上市的第六代高尔夫保留了之前的直列发动机，包括小排量和大排量版本。除了 1.4 升和 1.6 升两款小排量的汽油发动机，其他所有高尔夫发动机都采用了涡轮增压技术。如今，柴油机喷射技术已经更新为"共轨技术"（喷射的燃料通过一条共同的通路到达所有气缸），泵喷嘴技术的篇章则就此停止。高尔夫 GTI 再次成为独立车型，仅有搭载一款 210 匹马力的发动机可供选择。散热格栅上的红色烤漆板条和扰流板区域的装饰灯将 GTI 与其他高尔夫车型区分开来。

一年后问世的旅行版也采用了新的设计。

2009 年，柴油机领域迎来了一个新的挑战者——GTD 发动机。其功率为 170 匹马力，比 2.0 升 TDI 发动机的功率高出 30 匹马力。同年，在汽油机领域也有技术创新：新款 1.2 升 TSI 发动机可提供 102 匹马力。在第六代高尔夫异常短暂的销售期内，大众总共提供了 8 台汽油发动机（其中一台为汽油 / 天然气混合动力）和 4 台柴油发动机供消费者选择。从发动机功率角度来看，2009 年问世的高尔夫 R 是绝对的明星——其所搭载的 2.0 升 TSI 发动机可以达到令人侧目的 271 匹马力。大型黑色进气口和散热格栅上的小小"R"标志让高尔夫 R 无法掩藏自己的光芒。当然，它的 37,375 欧元的售价也很刺眼。根据 2011 年时的售价，它比高尔夫 GTI 还贵出 10,000 欧元。排在价格列表最底端的是基础线高尔夫，售价仅为 16,975 欧元。对第六代高尔夫的大多数型号来说，双离合变速箱可以作为常规手动变速箱的备选，顾客可根据自己的需要选装。

如今的散热格栅更为狭长，处于正中央的大众标志非常显眼。

　　显著升级的内饰也是第六代高尔夫的特点之一。以后若想起第六代高尔夫，那些高尔夫爱好者们又会想到哪款车型呢？答案毫无疑问是高尔夫 R、GTD 和敞篷版高尔夫。2011 年，敞篷版高尔夫作为高尔夫系列的第五款车身变体问世，其余四款分别为双门版、四门版、旅行版和 Plus 版。在 4 年内，第六代大众高尔夫的销量为 285 万辆，也十分可观。

第七代高尔夫　2012 年至今 [①]

　　新款汽车一定要有新意，但是又必须能让人联想起它的传承——大众在高尔夫的漫长生命周期中真正完美地展现了这种精妙的设计艺术。在第一款高尔夫诞生的 38 年后，第七代高尔夫给人的感觉更加清新活泼，但它与 4 年前上市的上一代高尔夫差别其实并不大。最重要的区别在于汽车前部的散热格栅，新款高尔夫的格栅有镀铬的薄条装饰，连接了左右两个前大灯。照明设备也有更新，如今在透明玻璃灯罩下还有两个新增的矩形全功能大灯，但是它们的位置依然保持不变。扰流板和进气口也经过了重新设计，雾灯也被改为矩形。新款的引擎盖较上

----

　　① 第七代高尔夫已于 2020 年停产。2021 年起，开始销售第八代高尔夫。——编者注

一代更低，侧面轮廓也更为清晰。车尾的矩形车灯则是新款的标志。

技术参数	大众高尔夫 GTI
生产类型	紧凑型轿车
生产时间	自 2012 年起
发动机	四缸直列
排量	2.0 升
功率	220 匹马力
变速箱	六挡手动或六挡自动
驱动	前轮
重量	1,351 千克
最大速度	246 千米 / 小时

渐渐地，高尔夫已经发展到了第七代产品。

　　第七代高尔夫的尺寸变大了，它的车身总长增加了 56 毫米。但是，最重要的变化从外观上基本看不出来。随着第七代高尔夫（和奥迪 A3）的问世，大众正式引入了发动机和变速箱的模块化施工套件，这也是大众提高汽车生产效率的技术基础。此外，高尔夫的整车重量比前代的降低了 100 千克，沿用了 4 款 TSI 和 3 款 TDI 发动机，弥补了之前动力相对车身重量较弱的不足。高性能版本的高尔夫也相继上市，首先是高尔夫 GTI，它配备了一款 2.0 升 TSI 发动机，功率可达 220 匹马力。同时，184 匹马力的 GTD 发动机也问世了，紧随其后的是搭载"蓝驱"尾气处理技术的 TDI 柴油机和 2013 年法兰克福国际车展首次亮相的新款高尔夫 R，后者搭载了一款 300 匹马力的 TSI 发动机。更新之初，第七代高尔夫只有双门和四门两个版本，而旅行车版直到 2013 年 3 月才上市，高尔夫 Plus 则仅售至 2014 年（随后被高尔夫 Sportsvan 取代），敞篷版则并未更新。

自 2014 年 4 月起，所有柴油车型都必须满足 EU6 尾气排放标准，这使大众在一年后因柴油机尾气排放问题陷入了麻烦。新款发动机当然没有受到排放标准修正案的影响。主要受到影响的发动机是 2007 年上市的 TDI 发动机，虽然采用了"蓝驱"尾气处理技术，符合 EU5 尾气排放标准，但是这款发动机还是下市了。大众在 GTI 诞生 40 周年纪念日上推出了新款赛车高尔夫 GTI Clubsport，这款赛车的功率已达到 265 匹马力。

2017 年又是一个进行技术升级的时间节点，尤其是电子系统方面的升级非常重要。高尔夫升级了通讯和操作系统（包括手势控制），并在电子辅助系统的帮助下进一步提升了驾驶的安全性。行人检测和带有紧急协助功能的距离检测系统也是更新的一部分。发光二极管（LED）系统也是全新设计的，顾客可按需选装。发动机的研究与开发仍在继续，例如，汽缸停缸技术便是其中一个课题。所以，对第七代高尔夫来说，它的旅途暂时还不会停止。

第七代高尔夫也引入了两款重要的混合动力车型，例如，2014 年年初首次推出的电动版高尔夫以及次年夏天推出的混动版高尔夫 GTE。2017 年，大众又推出了技术更新后的电动版高尔夫。

高尔夫 Plus　2004—2013

高尔夫灵活多变，为满足不同的需求，高尔夫可以变得十分运动，也可以

变得十分适合家用。但是，随着时间的流逝，市场上又有一个新的需求点显露
出来——人们需要一款进出便捷且空间充足的高尔夫，它不需要像一款真正的
MPV 或 SUV 那样巨大，却仍能提供一些便利。真正基于高尔夫技术演化而来的
SUV 途观，在 2007 年才上市。

而基于这样的想法诞生的高尔夫 Plus 早在 2004 年 12 月就问世了，并且它
完全符合当时社会的发展趋势，因为有越来越多的老年人需要经常驾车出行。高
尔夫 Plus 的高度提升了 95 毫米，这主要是为了便于乘客进入车内。此外，后备
厢的容积也由 350 升提高至 390 升，这是由高尔夫 Plus 略微弯曲的全新车顶和
更为竖直的后备厢盖实现的。高尔夫 Plus 的前引擎盖板也与其天花板线条十分
匹配，2008 年上市的第六代高尔夫也有这个特点。此外，高尔夫 Plus 的后备厢
盖和尾灯也是为其量身打造的，人们一眼就可以将 Plus 与其他高尔夫车型区分
开来。

更具理性的高尔夫：新款高尔夫 Plus 在空间上更具优势，乘坐更为便捷。

　　高尔夫 Plus 所搭载的 FSI 发动机功率高达 150 匹马力，两年后甚至被提升至 170 匹马力；TDI 发动机也可充分满足高尔夫 Plus 的各种使用场景，所以没有更强劲的发动机出现在高尔夫 Plus 的选配清单上。2009 年，高尔夫 Plus 进行了最后一次改版。它的前脸设计与当前大众风格一致——更宽的散热格栅和更平坦的大灯，内饰也升级了。此外，大众还在这次改版中为高尔夫 Plus 引入了一款新型 TDI 发动机。

　　2010 年上市的 Cross Golf 为越野性能更强的高尔夫 Plus，它的外观也与其他车型非常不同，Cross Golf 的车身高度增加了 53 毫米，并且加宽了迎宾踏板，使得乘客乘坐更为便利。高尔夫 Plus 和 Cross Golf 作为高尔夫系列中的两款高顶车型，一直在市场中有着特别的定位，直到后来被经过重新设计的继任车型（高尔夫 Sportsvan）完全取代。

第一代高尔夫敞篷版　1980—1993

　　有些事可能别人尚未发现，大众却早已将其付诸实现。这句话对敞篷车来说更是百分之百的贴切。所有敞篷车粉丝都因敞篷版甲壳虫对大众心怀感激，也非常欢迎即将推出的敞篷版高尔夫。第一代敞篷版高尔夫于 1980 年问世，它与甲壳虫在同一家公司生产，即位于奥斯纳布吕克的卡尔曼公司（当时卡尔曼还是一家独立公司）。

　　对高尔夫敞篷版来说，一切都是崭新却又艰难的开始。若你是因为喜爱敞篷车的独特设计而不是喜欢露天驾驶选择了敞篷版甲壳虫，那你必须适应防滚保护杆。高尔夫的可折叠式车顶有一个昵称，叫作"草莓篮子"。其由高尔夫系列传承而来的经典短尾设计（不像捷达更长的车尾）也非常好看。防滚保护杆符合美国安全法规要求，并且提高了车身的抗扭强度。

　　敞篷版高尔夫和标准版高尔夫的不同之处除了车顶和保护杆之外，还有侧后窗和尾部略微升高的肩线。敞篷版高尔夫宽大的 B 柱与保护杆连接在一起，当车顶关闭时，它俩看起来就像一个 C 柱。当开启车顶时，车顶会被折叠至汽车尾部，其下方便是行李箱——空间并不是很大，仅有 220 升，而标准版高尔夫的

行李箱空间则有 320 升。但是，当车顶折叠时，敞篷版高尔夫看起来就非常动人
了，会让人产生要驾驶它去踏青、去游玩的冲动。但它的价格有些高高在上，以
1985 年为例，敞篷版高尔夫的售价为 23,795 马克，比标准版高尔夫贵出 7,000
马克。

敞篷版高尔夫只比双门版高尔夫重 40 千克，重新设计的车身提高了汽车的
抗扭强度，且敞篷车顶的密封性也很好，这些都获得了人们的一致好评。虽然多
年来人们只能手动开合车顶（直至 1987 年），但是这也符合当时的情况。敞篷版
高尔夫最初搭载的是与原版高尔夫一样的 70 匹马力发动机，自 1979 年起可以选
择采用直接喷射技术的发动机，功率提升至 100 匹马力，1982 年又升高至 112
匹马力（GLI 版敞篷车，即豪华版）。在第一代高尔夫敞篷版的生命的最后几年
里，它又装配了 72 匹马力的化油器发动机和 98 匹马力的直接喷射发动机。

基于第一代高尔夫技术的首款高尔夫敞篷车动力持久，其销售一直持续到 1993 年。图为一款
1987 年版的高尔夫敞篷车。

这款备受欢迎的敞篷车在 1983 年和 1984 年迎来了一些外观变化。最直观的就是稍显笨重的塑料保险杠和宽大的迎宾踏板，以及和高尔夫 GTI 一样的双大灯设计，此外还更换了更大的油箱和更舒适的汽车座椅。虽然敞篷车的后排座椅并不重要，但高尔夫敞篷版也配备了所谓的"2+2"座椅。1987 年，配有电动液压敞篷车顶的高尔夫问世了，随之而来的还有一些外形更新。这便是大众时刻保持技术更新的真实写照。

不过，作为大众旗下的第二款敞篷车，第一代高尔夫敞篷版所取得的成绩并不能算得上理想——在 13 年里，它的总销量为 388,522 辆。

第三／四代高尔夫敞篷版 1993—2002

同样的底蕴，崭新的技术——由于销售周期的关系，大众直到第三代高尔夫上市时才推出了高尔夫系列中的第二款敞篷车。和之前一样，这辆新款敞篷车也与当时的高尔夫轿车保持着一致的设计风格。不过，制造商卡尔曼公司没有更新生产设备，这也是新款高尔夫敞篷没有进行设计大改版的原因之一。

新的高尔夫敞篷车遵循着上一代的设计原则。腰线依然在尾部轻微向上延伸，短圆的尾部稍有延长，防滚保护杆的位置也稍微后移——整体来看并没有很大的变化。新款高尔夫的轴距延长了 75 毫米，这为后排乘客带来了更好的乘车体验。行李箱空间也增加了 100 升。车顶如今可以折叠得很平坦，使得露天驾驶时的高尔夫看起来更加优雅。

此时，大众在思考，为什么敞篷车不搭载 TDI 发动机呢？很快，从 1994 年起，消费者就可以为自己的高尔夫敞篷车选装 TDI 发动机了，此外还有 3 款汽油直喷发动机（排量分别位 1.6 升、1.8 升和 2.0 升）可供选择。115 匹马力的发动机技术在当时已经属于顶尖水平。1998 年，敞篷版高尔夫的外观由第三代改为第四代：主要是车头和车尾更接近第四代高尔夫。仅凭几项小改动，高尔夫敞篷版的设计便耳目一新。不过，第三代高尔夫敞篷版和其他车型外形之间的差别仅在于车顶设计，车轮、底盘等车架方面并没有差别。在内饰方面，敞篷版高尔夫有显著提升。在 8 年内，第二款高尔夫敞篷版总共售出了 203,325 辆，其中

139,578 辆为外观更接近第三代高尔夫的车型。

第二款高尔夫敞篷版的寿命很长，从 1993 年至 2002 年，持续了近 20 年的时间。图为其前脸设计和第四代高尔夫一样的高尔夫敞篷车。

第六代高尔夫敞篷版　2011—2016

　　9 年之后，新一代高尔夫敞篷版才上市，毫无疑问，在此期间又有许多技术进步与突破。在第六代高尔夫首次亮相的 3 年后，敞篷版问世了。新款高尔夫敞篷车不再有可见的防滚安全杆，加固后的前挡风玻璃也更为平坦，全电动的折叠车顶和完美的外观设计让这款新上市的敞篷车独具魅力。着重强调的腰线直接延伸到汽车尾部，这使得高尔夫敞篷车极具动感。

　　当然，其外观设计也和第六代高尔夫相吻合，尤其是前大灯几乎一模一样。发动机方面也保持一致：没有功率低于 100 匹马力的发动机，最低的是一款 1.2 升、105 匹马力的 TSI 发动机，最高的是一款 2.0 升、211 匹马力的 TSI 发动机，还有一款 140 匹马力的 TDI 发动机。不过，这仅仅是开始，在随后的几年中，高尔夫敞篷版还在不断进步：2013 年，第七代高尔夫已经上市，而新的高尔夫敞篷版 R 型也再次刷新了人们的认知。高尔夫敞篷版 R 型配备了一款 265 匹马力的发动机，如此强劲的马力对赛车来说不算新鲜，但是对敞篷车来说十分特别——高尔夫便搭载了它。高尔夫敞篷版 R 型的技术基础仍与高尔夫系列保持一致，只是车头处的进气口更大。不过，2016 年，这款高尔夫敞篷车也停产了。从那时起，大众汽车集团旗下的敞篷产品就仅剩下敞篷版甲壳虫这一棵独苗了。

在第六代高尔夫基础上设计的敞篷版高尔夫持续销售至 2016 年。如图为第六代高尔夫敞篷 GTI。

高尔夫 Sportsvan　自 2013 年起在售

作为非常适合老年人驾驶的高尔夫 Plus，它的征途是否就畅通无阻了呢？高尔夫 Sportsvan 作为高尔夫 Plus 的接班人，与其前辈相比，更接近大众 MPV

途安。从风格上看，它与第七代高尔夫也不太相像。它的正面更类似于途安，而侧面则保持了高尔夫的设计精髓，尤其是 C 柱边那扇小小的第三侧窗。高尔夫 Sportsvan 只有唯一一款车型可选，Cross 版本已被删去，在技术层面上并没有任何变动，其发动机功率最高可达 150 匹马力，若顾客有需求也可选择双离合变速箱。再配上高尔夫与时俱进的安全系统及一贯的耐用性，高尔夫 Sportsvan 在汽车市场上极具竞争力。2017 年，高尔夫 Sportsvan 与第七代高尔夫一起进行了产品升级。

Sportsvan 是高尔夫 Plus 的延续。图为 2017 年版高尔夫 Sportsvan。

大众 EOS   2006—2015

一半是高尔夫，一半是帕萨特，作为高尔夫旅行车的升级版——这便是敞篷跑车大众 EOS（厄俄斯，与希腊神话中的黎明女神同名）在人们心中的定位。大众 2005 年推出的"大众敞篷概念车 C 型"便是大众 EOS 的前身。大众 EOS 于 2006 年正式投入量产。它并没有采用完全可收缩的钢制车顶，而是采用了部分织物材料。大众为这款铝制车顶搭建了一款融合式天窗——仅凭开关就可让车主任意选择敞篷模式、部分打开或全部关闭模式，方便快捷。

　　开着敞篷车去旅行？不，并非那么简单。大众 EOS 的行李箱容积仅有 205 升，在最大的情况下也仅有 380 升。敞篷汽车顶部起加固和保护作用的防滚保护杆并没有被删去，只是被藏了起来。它位于后排座椅之后的车体中，当遇到危险时，它将以闪电般的速度弹出。

　　作为一款敞篷跑车，大众 EOS 拥有非常完美的轮廓，它与高尔夫的轴距一样，总长略长一些。大众 EOS 的挡风玻璃与第三代高尔夫的敞篷版很类似，倾斜角度较大。在车顶闭合时，大众 EOS 看起来也非常优雅，它圆润的车顶线条会让人轻而易举地联想到帕萨特。大众 EOS 的车头设计符合大众一贯的设计风格，由于大量使用镀铬条而更为抢眼。顺便说一句，EOS 并不是当时大众旗下唯一一款敞篷车。在 2011 年第三代高尔夫敞篷版问世之前，敞篷版新甲壳虫早已替大众在敞篷车市场征战多时。

　　最初上市的大众 EOS 共有四款汽油发动机和一款柴油发动机可供选择，其动力范围位于 115 匹马力至 250 匹马力之间不等。2011 年，大众 EOS 进行了一次改版，它也可选配 3.6 升 V6 发动机，其功率可达 260 匹马力。作为大众旗下的三款敞篷车之一，大众 EOS 虽然与尚酷价格类似，但其销量并不理想。位于葡萄牙的帕梅拉工厂负责大众 EOS 的生产工作，截至 2015 年停产，共有 231,819 辆 EOS 走下流水线。

过渡车型：EOS 敞篷车除了具有高尔夫的设计特点，还带有帕萨特的元素。

捷达 /Vento/ 宝来

大众一贯的风格便是在市场上同时提供旅行车尾式和掀背式这两款车身设计：图左一为宝来，图右一为第四代高尔夫旅行版。

　　大众对旗下产品的定位非常清晰，给了高尔夫系列绝对的优先权。高尔夫就是一款有着旅行式车尾的紧凑型轿车，它的后盖看起来非常现代，极具实用性，尤其适合家庭出行，只是完全独立的后备厢空间稍显老气。大众的设计非常受欢迎，采用相同设计理念的 Polo 和帕萨特（当然帕萨特的后盖更大且不是水平的）都如同战神一般，在汽车市场上叱咤风云。至少这一点在德国是毋庸置疑的，毕竟无论是德国的东部地区还是北部地区，人们都更喜欢经典的三厢车设计。但是，在世界上的其他地区，境况就不太一样了，因此，大众会因地制宜地提供许多不同选择，当然销量也都很可观。

　　大众花了 5 年时间准备"背包版高尔夫"——这是三厢版高尔夫最初的昵称。"背包"自 1979 年起就正式问世了，随后几经更名，不过一直不变的是源于同期高尔夫的技术基础。但从外观风格上看，"背包"款车型与高尔夫经典款设计完全不同。随后开发的车型则更好地发扬了"背包"这一理念。捷达—Vento—宝来—捷达，这便是"背包"的姓名变迁史。在海外生产的版本自然也配有本土化的改良。自 2018 年起，欧洲本土便不再销售捷达，但是中国和美国仍在继续销售。

迟到的补充产品：捷达在高尔夫上市 5 年后才面世。图为第一代双门版捷达。

第一代捷达　1979—1983

　　捷达上市之初便继承了中期改款的第一代高尔夫的外观特征，最显眼的就是更大的尾灯和保险杠。但是，捷达的车头设计与高尔夫也有一处非常明显的差别，那就是捷达的前大灯是矩形的。前转向灯紧贴前大灯，且相互垂直，这些构成了捷达独特的前脸设计。虽然捷达看起来比高尔夫更宽，但实际上并非如此。捷达的车身总长比高尔夫长出 280 毫米。它的后备厢盖从 C 柱处开始倾斜向下，宽敞的后窗与车顶之间衔接顺畅、曲线和谐。捷达的 C 柱比高尔夫更窄，所以后排空间相对来说也更为紧凑，不过它们的车顶设计还是完全一样的。

　　第一代捷达有双门款和四门款可选。双门款的后侧窗和四门款的后侧窗与高尔夫的设计类似，非常漂亮。捷达的尾部较长，所以其车身总长更长。行李箱空间无疑是捷达的核心概念和最大优点，在后排座椅不折叠的情况下，行李箱容积已经达到 630 升，这几乎是高尔夫的两倍了。若将后排座椅折叠，其行李箱容积甚至可以达到 1,100 升，远超高尔夫。

　　在技术层面，除了车身重量相差了 25 千克，高尔夫和捷达几乎没有任何差别。捷达最初配备了取自高尔夫的三款发动机（功率分别为 60 匹马力、70 匹马力和 110 匹马力），随后又新增了一款 1.6 升、85 匹马力的高尔夫同款发动机。当然，后来还有与高尔夫一样的柴油版、涡轮增压发动机版和电动版的捷达问世；不同配置的产品线 C、CL、GL 也和高尔夫一样；两者之间的价格也几乎相同。捷达，这款三厢车在大众汽车总产量中约占 20%，其年产量在 13 万辆到 23 万辆之间（1979—1983）。

充足的行李箱空间是捷达的优点：在后排座椅不折叠的情况下，捷达的后备厢容积是高尔夫的两倍。

第二代捷达　1984—1991

　　因为第二代高尔夫的外观变得更为圆润、线条更为柔和，所以，第二代捷达的外观也发生了同样的变化。车身线条的变化意味着 C 柱与后备厢盖之间的衔接方式变了，这导致捷达标志性的后备厢形状不像之前的一样突兀。如今的后备厢较上一代更高，更像一个"背包"了，容积为 660 升。一个显著的改进是后备厢下缘更低，后备厢盖的开合尺寸更大，这使得乘客拿取行李更为方便。

　　第二代捷达的车身长度较高尔夫的增加了 330 毫米。标志性的宽前大灯和狭窄 C 柱仍被保留下来。1987 年，捷达和高尔夫同时进行了外观改款。其他的一切变动也都是同时进行的，捷达 GT 一并上市，同时引入了更多不同的发动机供消费者选择。1987 年，捷达推出了可以选装 16 气门发动机和采用 Syncro 技术的四驱版本。唯一例外的是，捷达没有同高尔夫一样推出越野版本。

第二代捷达：虽然捷达没有完全同步装配高尔夫的每款发动机，但是至少也有 GT 版本保持同步。

Vento　1992—1998

　　第三代高尔夫在 1991 年就已经正式上市了，但是第二代高尔夫和捷达在位于萨克森州的莫塞尔工厂继续生产了一年。所以，新一代捷达在上市之前还有一些额外的缓冲时间。1992 年，新一代捷达更名为 Vento 正式面世。与前两代相比，Vento 更好地融合了高尔夫的设计风格，并做出了一些创新。从侧面看，Vento 是楔形的，因为 Vento 比高尔夫长 360 毫米，所以形状更为明显。其腰线始于前大灯，一直延伸至后备厢盖。前大灯依然是捷达系列标志性的矩形，只不过高尔夫也改成了类似的设计，所以不再像以前一般特殊。Vento 的产品线非常齐全，还推出了和高尔夫旅行版同步的 Vento 旅行款。

Vento 只推出了四门版，好在这一改动并没有影响其销量。虽然从外观上看不出来，但是 Vento 的后备厢容积比前一代捷达小了 110 升，只有 550 升——虽然也不算小，只不过不像前代作品那样是业界标杆了。虽然是三厢车，Vento 的后排座椅也可以进行折叠。Vento 的后备厢容积最大可扩容至 885 升，但比折叠座椅后的高尔夫少了约 330 升。后备厢门槛如今降得更低了，后备厢盖开合处几乎就在其下缘。除了 Vento VR6 配备了额外的后扰流板和不一样的散热格栅之外，Vento 的外观风格在随后的时间里一直没有改动。Vento 和高尔夫仍保持着高度的技术一致。在 7 年内，Vento 的销量为 110 万辆，高尔夫的同期销量为 680 万辆。

新的名字：名为 Vento 的"三厢版高尔夫"，与前辈们的外形风格不一样了。

宝来　1998—2005

　　新系列，新策略。第四代"三厢版高尔夫"如今更名为宝来（是一个源自风的名字），并被官方宣称为是一个与高尔夫不相关的车型。大众希望通过宝来实现产品定位升级，让宝来不再活在高尔夫的光环之下，能够作为完全独立的车型进行销售。宝来继承了 Vento 的设计思路，大众重新设计了车身和前脸。宝来的外形显得更加魁梧，标志性外观是较小的车鼻和宽大的尾灯。1999 年，宝来旅行版上市，它与高尔夫在车头处就可以分辨出不同。在轴距相同的情况下，宝来的总长比高尔夫多出 225 毫米。不过在美国、墨西哥和南非，宝来没有更名，官方名称还是捷达。

独立车型三厢车宝来，整体线条更为和谐。

技术参数	大众宝来 V6 四驱 4 Motion
生产类型	轿车
生产时间	1999—2005 年
发动机	六缸 V 型
排量	2.8 升
功率	204 匹马力
变速箱	六挡手动
驱动	四驱
重量	1,225 千克
最大速度	235 千米／小时

　　为了提升产品定位，大众对宝来各种档次车型的发动机做了精心规划。在宝来首次亮相时，共有 1.6 升、1.8 升、2.0 升和 2.3 升的不同排量发动机可选（功率自 100 匹马力起）。顶级的车型则搭载了一款 150 匹马力的 V5 发动机，一年后还推出了四驱版本。直到 2000 年，宝来系列才首次引入了一款排量较小的 1.4 升 TSI 发动机，这主要是为了让宝来与高尔夫的技术参数保持一致。但是在旅行版方面仍有不同：只有宝来旅行版可以选配 V6 和 VR5 发动机，高尔夫则不行。当然，产品定位的提升也体现在产品售价上，更高配置的车会比低配车贵出 2,500—3,000 马克。除此之外，宝来还推出了许多特别款，例如 Edition 版、Pacific 版、运动版和特别版等。7 年后，宝来停产。虽然推出一款基于高尔夫技术且定价更高的想法是可行的，但仅凭宝来还远远不够。

第五代捷达　2005—2010

　　第五代产品又带来了全新的主题。当时最新款的捷达带来了更强劲的发动机，唯独旅行版缺席了本代的更新。在世界的很多地方，新款捷达的名字仍为宝来，而在欧洲则被称为捷达。在技术层面上，新款捷达与高尔夫保持着一贯的同步，就算它从外观上看更接近帕萨特（尤其是车尾部分）。在轴距相同的情况下，第五代捷达的车身总长比高尔夫多出 350 毫米，并拥有一个很大的后备厢，这足以让人们将它俩轻松地区分开来。第五代捷达的前脸设计几乎没有改变，只是腰线设计更为突出，与高尔夫不同，其腰线一直延伸至尾灯处。当然，捷达的 C 柱设计仍然像以前一样独具一格。

　　新款捷达共有四款四缸或五缸 FSI 汽油发动机（102—200 匹马力）和两款 TDI、一款 GTD 柴油发动机（105 匹马力、140 匹马力和 170 匹马力）可供消费者选装。当然，高尔夫还搭载了几款小排量的发动机，但是这并不适合捷达。不要忘了，高尔夫还拥有顶配车型 R32，那么捷达的顶配车型是什么呢？捷达并没有 GTI 产品线，因为搭载强力发动机的第五代捷达名为 TSFI 运动型。这款动力强劲的捷达 2006 年的售价为 25,575 欧元，比高尔夫 GTI 贵了 800 欧元。第五代捷达在德国海外比在德国和欧洲更成功，这个现象很早就出现了。例如，在美国，高配捷达（在美国通常被称为捷达 GLI）的销量就特别好。在中国，第五代捷达则被更名为速腾。第五代捷达在美国、中国和墨西哥的生产从未停止。

2005 年上市的捷达（重新改回了之前的名字）与高尔夫的设计风格有着明显的区别。

技术参数	大众捷达 2.0 TDI
生产类型	轿车
生产时间	2005—2010 年
发动机	四缸连排
排量	2.0 升
功率	140 匹马力
变速箱	六挡手动
驱动	前轮
重量	1,395 千克
最大速度	207 千米 / 小时

第六代捷达　2010 年至今

捷达在德国市场早已停售，仅在德国海外市场销售。

对德国市场来说，第六代捷达是该系列的最后一款车型。2016 年，捷达彻底退市。尽管如此，第六代捷达仍有其独特之处——其轴距首次较高尔夫的长出66 毫米。它的独特外观也得到了进一步的设计：一方面，它借鉴了新款高尔夫的设计元素；另一方面，它的 B 柱设计又和第六代及第七代高尔夫的都不一样。发动机的选择原则与之前一致。美国、中国和墨西哥仍然是捷达最重要的目标市场，美国的工厂也仍然负责捷达的生产。此外，还有混动版捷达可供购买。在2018 年的底特律汽车展上，第七代捷达首次亮相。捷达的故事还将继续。

尚酷

设计灵感源自甲壳虫的卡尔曼·吉亚销量和口碑都非常出色，因此大众计划推出一款基于高尔夫概念设计的轿跑车，希望也能取得理想的销量。可能出乎很多人的意料，尚酷比万众瞩目的高尔夫上市更早。作为一款轿跑车，大众认为尚酷一定会引领潮流，这是一款多用途轿跑的使命。尚酷一直使用第一代高尔夫的技术，直至 1992 年，第三代高尔夫上市，尚酷才进行了技术更新。尚酷之所以使用第一代高尔夫技术，可能是因为卡尔曼工厂直至 1993 年一直同时负责第一代高尔夫敞篷版和尚酷的生产，而大众自己的工厂却没有生产这两款车型的设备。

仅在售 7 年（1988—1995 年）的科拉多并不能算是尚酷的继任者。尚酷和科拉多平行销售了 4 年，其中科拉多是由大众位于沃尔夫斯堡的工厂生产的，那里是第二代高尔夫的故乡。尚酷和科拉多当时主要的差异在于发动机，科拉多所搭载的发动机动力更强劲，价格自然也更高。以配置最高的第二代尚酷为例，它搭载的不过是一款 129 匹马力的 16V 发动机，而同时期的顶配科拉多则搭配的是一款 160 匹马力、增压空气冷却的 G90 发动机或者一款 190 匹马力的 VR6 发动机。尚酷自 1992 年停产后，2008 年才获得重生。重生尚酷搭载了功率更大的发动机。新款尚酷的技术基础源自第六代高尔夫，但在 2017 年再度停产，并且没有相应的后继车型。显然，这时双门版的高尔夫和 Polo 代表大众公司暂时接替了经典轿跑车的角色。

卡尔曼公司依照朱吉亚罗的设计稿生产的高尔夫。

第一代尚酷　1974—1980

　　第一款尚酷（是一款以沙漠风暴命名的车型）几乎与高尔夫一模一样。这意味着尚酷具有与高尔夫一样的横置发动机、水冷、前轮驱动及所谓的大后备厢盖。尚酷有着"2+2"的座位设计和一个足够大的后备厢。粗短的车尾和细长的车头是尚酷的标准形象。它的车身高为 1,410 毫米，比第一代高尔夫矮 100 毫米。高尔夫的轴距为 2,400 毫米，和经典的甲壳虫一样，尚酷则比它们长 70 毫米。

　　意大利设计师朱吉亚罗同时负责高尔夫和尚酷的设计开发。虽然尚酷的设计不像高尔夫一样简洁明了，但是其柔和的线条和楔形车身也十分和谐。尚酷的后导流板是其尾部特征，而其车头通过不同的大灯设计来区分不同的配置，TS 版本配有双大灯，而 S 版和 L 版搭配的则是矩形前灯。在其短暂的一生中，尚酷只在 1977 年进行过一次外观改版，将散热格栅、双大灯和转向灯重新设计，并将保险杠下移至车轮上沿。尚酷的内部空间实用性极强，其后排座椅可以向下折叠，所以这款轿跑车甚至可以拥有一个容积非常大的后备厢。

尚酷的楔形外观非常醒目。

　　虽然尚酷是依照高尔夫的理念设计的轿跑车，但是第一批尚酷搭载的发动机来自比它早几个月开始生产的帕萨特。1974 年春季，尚酷参加日内瓦国际车展，其 LS 版和 TS 版分别搭载了 70 匹马力和 85 匹马力的发动机（排量均为 1.6 升）。当然，尚酷的发动机是横向安装的，这是其与帕萨特的不同之处。不久后，来自高尔夫的一款 70 匹马力发动机就被搭载在了尚酷 L 版上。1975 年，发动机功率便被分别提升至 75 匹和 85 匹马力。1979 年，尚酷 GTI 版本面世了，其最高速度为 186 千米 / 小时，比高尔夫 GTI 还快 3 千米。

　　虽然尚酷不是一款真正意义上的跑车，但它也不像卡尔曼·吉亚一样只适合在城市里驾驶，毕竟，以尚酷命名的汽车杯赛很快就声名远播。尚酷杯虽不是由大众首创的，但是大众将它在德国推广开来。尚酷赛车系列也拥有相同的轿跑设计，并搭载了与赛车身份相匹配的 110 匹马力发动机。

　　尚酷的变速箱技术同样源自高尔夫，有手动挡和自动挡可选择（自动挡仅供大功率发动机选配）。除此之外，尚酷没有大的改动，虽然 1975 年引入了赛

车专用的单臂雨刮，但这也微不足道。无论如何，第一代尚酷是成功的。在与
超级新星高尔夫同台竞争的情况下，尚酷的销量也不错，7 年内共有约 50 万辆
尚酷售出。

第二代尚酷　1981—1992

　　名人换新衣——第二代尚酷的外观与之前的截然不同，所以它的吸引力也直
线下滑。这款轿跑车仍然采用了与第一代相同的技术，但是空间更大了。它带有
第二代帕萨特的线条感，但其核心技术仍基于第一代高尔夫。其外观更为平顺、
简洁，由大众内部负责设计。

　　车头的矩形大灯之间配有大众的
"VW" 车标，车尾配有一个巨大的
扰流板。第二代尚酷比第一代长 165
毫米，高度略矮。在第二代尚酷的后
期车型中，大众试图通过为扰流板上
色、搭配更加突出的轮毂和装饰条让
尚酷变得更为动感，如 1989 年上市
的特别款 Scala。

　　尚酷空间充足、质量可靠，故而
也有着一定的受众群体。1985 年推
出的 1.8 升排量、139 匹马力的 16V
发动机是尚酷系列的一个亮点，高尔
夫 GTI 直到一年后才搭载了这款发
动机。但是它和另外一款双气门发动
机也无法挽救第二代尚酷的惨淡销

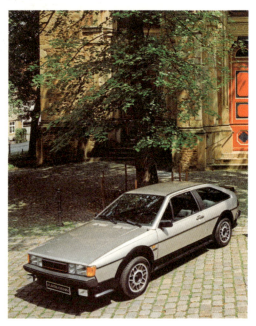

第二代尚酷仍然是在第一代高尔夫的基础上衍
生而来的。

量——12 年内，第二代尚酷的销量仅有约 29 万辆，对大众来说这肯定算不上成
功。其中有一个重要的原因，便是基于第二代高尔夫设计的科拉多上市了，虽然
科拉多售价更高，但其销量更好。

经典的 20 世纪 80 年代设计：白上加白——图为深受潮流人士喜爱的尚酷特别版"白猫"。

第三代尚酷　2008—2017

是时候再次推出以高尔夫为基础的轿跑车了吗？大众说："是！"在科拉多停产的 13 年后，大众再一次推出了新款尚酷。高尔夫彼时已经发展到第六代，它几乎与尚酷同时上市。扁平的车身和掀背式车尾——这便是第三代尚酷的核心设计理念。实际上高尔夫的车身也不高，尚酷比高尔夫还矮 81 毫米，但其长度和宽度分别多出 252 毫米和 81 毫米，所以尚酷看起来更为扁平，像一条灵活的比目鱼。尚酷的车头装有扁平的大灯和狭窄的散热格栅，且大众的"VW"车标位于引擎盖上，变得更为显眼。尚酷的车身线条明显比高尔夫的更加柔和，其宽阔的尾部动感十足。这种混合设计效果如何？虽然看着还不错，但是第三代尚酷也反响平平。

第三代尚酷的各方面数据都很不错。在价格方面，它与搭载小型发动机的车型之间几乎没有竞争关系，却与动力强劲的车型有得一拼。尚酷 R 是绝对的明星车型，它搭载一款 2.0 升排量、280 匹马力的直喷汽油发动机，最高速度可达 250 千米 / 小时，每百千米加速仅需 5.7 秒。这款看似迷你的强大轿跑售价约

35,000 欧元，考虑到它的性能，这个售价很合理。尚酷 R 还可搭载 2.0 升四气门 TSI 发动机，在此类别下的发动机功率分别为 180 匹马力和 220 匹马力。此外还有两款 TDI 发动机可供选择。四缸发动机常搭配涡轮增压技术。最初搭载的 1.4 升 TSI 发动机很快就被 1.8 升 TSL 发动机取代。所有的尚酷都搭载六挡双离合变速器，其底盘也与高尔夫的拥有相同的技术参数。尚酷并没有四驱版本，在 2014 年进行了一次小型改款。

这款像高尔夫的轿跑车最终还是没能取得成功。那些不喜欢轿跑车设计的人通常会选择购买高尔夫，尤其是在高尔夫售价更便宜的情况下。高性能版的高尔夫 R 甚至比尚酷 R（2016 版）的发动机还高出 20 匹马力，这对尚酷来说简直是灭顶之灾。自 2010 年起的 4 年中，尚酷杯作为德国赛车锦标赛的项目一直进行着，使用的赛车为马力稍强的尚酷 R。但是这个项目也没能帮助尚酷挽回局面，2018 年，尚酷再次停产。10 年内，尚酷的总销量约为 27 万辆，其中销量最高的年份为 2009 年（47,277 辆）。

绿色配色的第三代尚酷：如常青树一般的绿色令人心旷神怡。

技术参数	大众尚酷 R
生产类型	轿跑车
生产时间	2008—2017 年
发动机	四缸直列
排量	2.0 升
功率	280 匹马力
变速箱	六挡手动或六挡双离合
驱动	前轮
重量	1,770 千克
最大速度	250 千米 / 小时

大众－保时捷 914 1969—1975

　　人们如今和当年都在进行同样的讨论是，大众－保时捷到底是一款大众的车还是一款保时捷的车？以及它到底是不是一辆真正的赛车？在大众－保时捷首次亮相时，专业人士和汽车爱好者就对此争论不休，却一直给不出一个统一的答案。那答案到底应该是什么呢？一辆配有中置发动机的轿跑车无疑是一辆赛车，尤其是在保时捷设计的加持之下，更应如此。除大众之外，车身制造商卡尔曼也参与其中。卡尔曼作为大众公开承认的承包商，负责组装了所有的大众－保时捷 914，而只有大众－保时捷 914/6 是由保时捷组装的。

　　作为简配版，大众－保时捷 914/4 搭载的是一款来自大众 411 的直接喷射式发动机，随后更新为来自大众 412 的化油器发动机。受技术所限，这两款发动机的功率分别为 80 匹马力和 85 匹马力，但这样的数值在当时看来也算不错。若搭载来自 911T 的保时捷六缸发动机，其功率可达到 110 匹马力。中置的发动机让大众－保时捷可以容纳 3 个座位——驾驶座、副驾驶座和位于两者之间的缓冲软垫。其轮胎抓地力极强，就算是苛刻的赛车测试员对此也赞不绝口。

　　大众－保时捷 914 外观棱角分明，却透露出和谐的一面，如同睡眠一般的前大灯（可上翻设计）也与车身整体气质非常搭配。防滚安全杆隐藏在 B 柱背后。1973 年，作为为数不多的改款之一，大众为大众－保时捷引入了一款新的发动机，并完全替代了以前的发动机。这款 100 匹马力的四缸直喷发动机源自保时捷的手笔，也被用于保时捷 912 车型上，配备了它的大众－保时捷会带有后缀 914-2.0。总共有 118,978 辆大众－保时捷，其中只有 3,322 辆是 914/6 型。914/6 的销量如此低的原因主要是价格，1970 年，它与配置更简单的 914/4 之间的差价达到了 8,000 马克，这已经可以购买一辆卡尔曼·吉亚了。而马力更强劲的保时捷 911T（129 匹马力）只比 914/6 贵一点点。

永不过时的优雅：扁平的大众－保时捷系列是一款非常有趣的赛车。

科拉多　1988—1995

科拉多（源自西班牙语中的动词"跑"）的定位与尚酷完全不同——虽然两

者最初是同时生产的，但科拉多更像是一辆赛车，而不是一辆日常轿跑车。在这方面，科拉多比尚酷更像一辆大众 – 保时捷。

在第二代高尔夫的发动机系列里，除了一款已经实装于尚酷的 16 气门涡轮增压发动机，还有一款六缸发动机可供使用。所以，科拉多这款全新轿跑有着与尚酷完全不同的性能，其价格自然也高出许多。1990 年，性能相近的尚酷和科拉多之间的差价约为 4,000 马克，顶级的科拉多 G-Lader 售价高达 45,000 马克，已经处于豪华轿车行列。

科拉多的车身设计很好地提升了其销量。楔形的车身有着极具动感的腰线。腰线从强壮有力的尾部延伸，沿着车身轻微上升，途经 A 柱最终到达前大灯，整体非常流畅。短垂的车尾使汽车显得更加灵活，倾斜且长的引擎盖板也利于空气迅速流通。虽然科拉多有着一颗赛车的心，但是它的掀背式后盖和宽敞的后备厢让它也极具实用性。

1994 年上市的科拉多 VR6 发动机功率可达 190 匹马力，档次显著提升。

从技术层面来讲，科拉多是第二代高尔夫的第二阶段成果反馈。这一点在发动机的选择上尤为突出。最初，科拉多便配备了一台 1.8 升、带有机械式涡轮增压器和风冷的发动机。这意味它拥有着 160 匹马力、225 千米 / 小时的最高速度和仅需 8.5 秒的每百千米加速度。凭借这个数据，科拉多在德国市场上已经能与欧宝 Calibra 和奥迪轿跑车对标，不过还是远不及保时捷 944。自 1991 年起，科拉多也可选择搭载第三代高尔夫的 VR6 发动机。这款发动机排量为 2.9 升，功率为 190 匹马力，可达到 235 千米 / 小时的最高速度（比搭载同款发动机的高尔夫高出 11 千米）和 6.9 秒的每百千米加速度。除了这款大排量发动机，还新增了一款 2.0 升排量、136 匹马力的 16 气门发动机。自 1991 年起，消费者还可选装四挡自动变速箱。在 7 年中，科拉多的总产量为 97,521 辆，其中约 1/5 被销往北美地区。

科拉多证明了它小小车身下的强劲动力。

Polo 和 Derby

Polo 家族很快就占领了比紧凑型轿车空间更小的小型车市场，图中 4 辆汽车分别为前三代和经过外观改版的第三代 Polo。

　　大众高尔夫上市一周年所取得的销售业绩非常令人满意，使公司上下紧张的气氛稍稍有所缓和。虽然最困难的时光过去了，但阴云始终笼罩在沃尔夫斯堡上空。汽车巨人始终面临着挑战，一步错踏便难以回头。大众凭借高尔夫重新在市场上站稳了脚跟，如今它应该将目光投向小型车市场了。长期统治德国和欧洲小型车市场的一直不是德国制造商，而是拥有诸如菲亚特、雷诺、英国利蓝甚至年轻的标致这些车型的外国厂家。凭借 1974 年上市的高端车型奥迪 50，大众开始了它在小型车市场的征程。

　　新成立于德国英戈尔施塔特的奥迪工厂负责开发新的小型车，这一举动不仅是对奥迪的赞许，更是对大众自家设计师的警告。奥迪 50 最终也取得了极大的成功。在它上市一年后，大众在奥迪 50 的基础上进行了装饰、配置和价格的全方位改装，并开始进行大量生产。1977 年，大众又推出了一款内核相同但设计不同的三厢车 Derby。

　　在过去的几十年中，价格相对低廉的甲壳虫销量表现非常优秀，但这在某种程度上妨碍了大众重新开发一款真正的小型车。在 Polo 系列上市之初，它的售价为 7,500 马克，与甲壳虫 1200L 的售价基本接近。但是，甲壳虫的技术过于陈旧，早已进入了淘汰阶段。因此，Polo 系列得到了迅猛发展的契机，由最初的小型车定位起（廉价版奥迪 50），Polo 不断更新迭代，如今它已与第二代高尔夫水平相近。长期以来，Polo 的车内空间都比标准的小型车更大一些。

随着 Polo 越来越受欢迎，其发动机和车身设计也变得更为多样化。虽然三厢款 Derby 早已上市，但更偏好两厢车的德国市场对它并不买账，好在 Derby 在许多德国海外市场供不应求。第二代 Polo 除两厢掀背款车型外还推出了轿跑款，第三代 Polo 问世时 Derby 已经停产。第四代 Polo 回归了最初的经典设计，并且在该系列中首次推出了四门版和旅行版，且第四代 Polo 旅行版是 Polo 整个系列中唯一一款旅行车。

最年轻的第六代 Polo 无论是在尺寸、重量还是性能方面早已远远超越第一代 Polo。

作为一款经济适用车型，Polo 上市之初所搭载的发动机功率分别为 40 匹马力和 50 匹马力，但出口版仅有 34 匹马力。在这款小型车的发展历程中，大众旗下丰富的发动机产品也为 Polo 提供了丰富的选择。Polo 也推出了赛车款，并举行了非常盛大的品牌巡回赛。1990 年上市的 Polo G40，搭载着一款 113 匹马力（这比 1978 年上市的第一款高尔夫 GTI 高出 3 匹马力）的直喷 G 型增压发动机，这是 Polo 系列中最早成名的特色车型。后来，Polo 也推出了 GTI 版本，于 1998 年首次亮相的 Polo GTI 功率为 125 匹马力，而如今的 Polo GTI 已经达到 200 匹马力。

西班牙成了 Polo 的第二故乡。1984 年，Polo 的大部分生产组装工作就从德国沃尔夫斯堡迁移至位于西班牙潘普洛纳的菲亚特工厂，1998 年，转移工作全部完成。除西班牙外，Polo 还由位于巴西安谢塔、俄罗斯卡卢加和南非埃滕哈赫的工厂负责生产。1991 年，大众为 Polo 达到 300 万辆的销量举行了庆祝活动，1999 年其销量已达到 600 万辆的，如今 Polo 的总销量早已超过了 1,500 万辆。

第一代 Polo（大众 86）　1975—1981

最早上市的第一款 Polo 外表看起来有些寒酸。它于 1975 年 3 月正式开售，除了黑色的保险杠，没有任何镀铬装饰，且配置十分简单，和多年前问世的甲壳虫差不多。Polo 以一年前推出的奥迪 50 为设计基础，但比奥迪更便宜，其7,555 马克的售价比奥迪低了 1,400 马克。

当时，人们对廉价的车型并不感冒，大众不得不对 Polo 进行修改。1975 年7 月上市的 Polo L 售价提高了 500 马克。售价的提升代表配置也随之升级，你可以拥有漂亮的镀铬条、更好的隔音效果及更佳的驾驶体验。Polo 的设计特点不外乎是前轮驱动、横置发动机、合理分配且实用性佳的车内空间、掀背式车尾和良好的汽车抓地力，这些都是大众旗下汽车的共有特点。短尾巴、方形后备厢盖和夸大的车窗，配上与奥迪相似的镀铬条，这一切都使简单的 Polo 看起来更加灵动。发动机功率也被分别提升至 50 匹马力和 60 匹马力，它们也同样来自高尔夫系列。1979 年，Polo 对散热格栅和保险杠进行了外形改良，并且首次推出了第三款设计——Polo GL，这是一款备受欢迎且功能强大的小型车，而其自家竞争车型奥迪 50 于 1978 年退市了。

虽然很小，但是非常令人关注：最初以奥迪 50 为基础设计的经济型小车 Polo，引起了人们的关注。

技术参数	大众 Polo L
生产类型	小型车
生产时间	1975—1981 年
发动机	四缸直列
排量	1.0 升
功率	40 匹马力
变速箱	四挡手动
驱动	前轮
重量	700 千克
最大速度	132 千米 / 小时

　　1979 年至 1981 年间上市的 Polo GT 是一款外观更为动感、功率为 60 匹马力的 Polo 车型。大众于 1981 年为 Polo 引入了 "Formel E" 油电混动技术，虽然价格提高了 700 马克（基础售价为 11,000 马克），但是每百千米油耗仅降低了 0.5 升，所以几乎没有消费者愿意为它买单。总的来说，Polo 还是在小型车市场

中找到了自己的位置。与此同时，高尔夫已经牢牢霸占了紧凑型车的市场。

设计图纸明确展示了 Polo 先进且节省空间的核心概念。如图可见 Polo 搭载的前载横置发动机和大的掀背式车尾。

第二代 Polo（大众 86C） 1981—1994

Polo 应该是一个完整的产品系列——第二代 Polo 带着这一理念正式上市了。它共有 3 种车身设计，同时提供汽油发动机和柴油发动机，不同组合可以满足不同的需求，故而受众极广。三厢 Polo 备受关注，因为它就是一辆非常理想的小型多用途车。此外，它与众不同的小盒子式尾部设计也非常讨人喜欢。第二代 Polo 和 Derby 一样都提供双门款式。Polo 还有轿跑版本，这款明星车型与三厢款 Polo 的差别主要在于倾斜的 C 柱上，它使得轿跑 Polo 的整体气质更加独特。Polo 轿跑的高端 GT 版本更加引人注目，作为高端产品，它配置了突出的车轮拱罩、坚固的保险杠和极具动感的装饰条。

从技术上来看，第二代 Polo 与第一代一脉相承。1983 年，Polo 系列更新了 1.3 升排量发动机，替换了最初的 50 匹马力和 60 匹马力的两款发动机，40 匹马力的发动机则被一直保留至 1985 年。1982 年，搭载一款 75 匹马力发动机的 Polo GT 上市了。采用柴油发动机的 Polo 首次于 1986 年问世，与此同时，高尔夫也使用了同款发动机。发动机动力最强的是 Polo G40，是一款仅小批量生产的轿跑车。Polo G40 搭载着 1.3 升排量、机械增压（G-Lader）的发动机，功率分别为 112 匹马力（有催化剂，出于环保考量）和 115 匹马力（无催化剂）。它的售价约为 25,000 马克，比高尔夫 GT（75 匹马力）还要贵 20%。

外形灵动且非常实用：第二代 Polo 是一款名副其实的多用途小型车。

一丝奢华气息：轿跑版 Polo 是一款动力更强劲的小型车。

技术参数	大众 Polo GT
生产类型	小型车
生产时间	1990—1994 年
发动机	四缸直列
排量	1.3 升
功率	75 匹马力
变速箱	四挡手动
驱动	前轮
重量	790 千克
最大速度	170 千米 / 小时

1990 年，第二代 Polo 进行了一次大型改款。外观改动主要是倾斜的散热格栅及不同的保险杠设计，内饰方面也加装了更现代化的设备和配置。第二代 Polo 销售期长达 13 年，其总产量约为 170 万辆。

第三代 Polo　1994—2001

小小的 Polo 尺寸变大了！第三代 Polo 于 1994 年秋季问世，并向紧凑型轿车的方向迈出了重要的一步。显著改善的空间分配设计和提升的技术设备印证了这一点，尤其是新款 Polo 的安全性能也得到了大幅提升。从外观上看，Polo 更接近高尔夫了——很显然，作为小型车问世的 Polo 已经放弃了这一身份定位。开始，大众也没有可以用来接替 Polo 的小型车车型，直到 4 年后路波（Lupo）问世，才顺利地填补了这一空缺。

在车身总长不变的情况下，设计师却提升了 Polo 的车内空间。与上一代相比，新款 Polo 的长度甚至缩短了 55 毫米，但是轴距延长了 70 毫米，此外也增高了 85 毫米——这与第二代高尔夫的空间设计非常相似。由于车身变高，新一代 Polo 的后备厢容积也较上一代略有增加，为 260 升，若将座椅折叠，则为 614 升。

不过，这样的升级最后造就了一辆圆润但不起眼的小车，由于风格过于类似，看起来完全就是小一号的高尔夫。在第三代 Polo 的首发仪式上，四门款 Polo 的外观还是惊艳众人。上一代的三厢设计被正式取消，溜背式 Polo 则以 Polo Classic 之名在 1995 年上市。1997 年，Polo 系列历史上唯一一款旅行车也问世了。只是 Polo 旅行版和 Polo Classic 背后的厂商变成了西雅特。

汽车变大了：第三代 Polo 又回归为紧凑型轿车。

设计人员很快就发现，这款不引人注意的 Polo 销量不尽如人意。也许是为了解决这个问题，大众大胆地进行了一次特别的试验——用色彩创新！特别版 Polo Harlekin（意为小丑——译者注）应运而生，其车身的不同部分带有 4 种不同的颜色，而且颜色的种类和排列顺序出厂时便定好了。顾客可以下单购买 Polo Harlekin，但是不能选择具体的颜色和款式。人们很喜欢这个创意，街上的 Harlekin 也是一个独特的风景。另外一款特别版 Polo 名为 Open Air（露天），它配备了一个复古的折叠式车顶，让人联想起从前的时光，不过这次的车顶是电动的！

一次实验：图为色彩丰富的特别版 Polo Harlekin。只有汽车生产厂可以决定车身颜色的种类和排列顺序。

技术参数	大众 Polo TDI
生产类型	小型车
生产时间	1999—2001 年
发动机	三缸直列，柴油机
排量	1.4 升
功率	75 匹马力
变速箱	五挡手动
驱动	前轮
重量	1,035 千克
最大速度	170 千米 / 小时

虽小却快：Polo 可
以配置性能强劲的
GTI（前）汽油发
动机 或 GDI 柴油
发动机。

　　大众通过 Polo 传达了一个明确的信号：就算是档次低于紧凑型轿车的车型也可以为乘客提供符合规定的安全性能。在 Polo 这种尺寸的小型车上，各种安全设施，如两个前安全气囊、安全带紧张器和各种防止侧面碰撞的预防措施其实并不常见，但是 Polo 却无一例外地装配了。Polo 的售价也介于小型车和紧凑型轿车之间。汽车媒体常常认为 Polo 的售价太高。它在德国的售价约为 22,500 马克，比高尔夫低了 2,500 马克，却比同类型的直接竞争对手欧宝 Corsa 高出 1,000 马克。

　　Polo 继承了 3 款著名的发动机，柴油版源自高尔夫（1.6 升、75 匹马力），不久后又引入了一款被大众广泛使用的 1.9 升发动机（64 匹马力）。由于发动机转速很低，因此非常省油。Polo 系列中真正的新型发动机是一款全铝制的四缸汽油机，功率为 50 匹马力，安装在入门级 Polo 身上。Polo 搭载的柴油发动机通常采用自然吸气技术，并采用纵向安装设计。

　　高尔夫搭载的 16 气门发动机也同样被用于 Polo 系列，只是性能做了一点小小的提升——1998 年，搭载 120 匹马力、四缸发动机的 Polo GTI 上市了。虽然 Polo GTI 售价很高，约为 31,000 马克，但是限量的 3,000 辆很快就被抢购一空。

许多人对 Polo GTI 感兴趣的原因其实是它会让人想起第一代高尔夫 GTI。

在第三代 Polo 即将下市的阶段，它进行了一次修改。整体线条变得更为锐利，大众的"VW"车标显得更大，保险杠和内饰看起来也更加时髦。不过这些改动并不明显，人们要仔细观察才能看出差别。最重要的改动甚至是完全认不出来的——Polo 的车身全部镀锌。

小小的经济型车 Polo 逐渐成长为一款更注重舒适性的轿车，一些人已经不再将 Polo 归类为小型车了。

技术参数	大众 Polo GTI 16V
生产类型	小型车
生产时间	1999—2001 年
发动机	四缸直列
排量	1.6 升
功率	125 匹马力
变速箱	五挡手动
驱动	前轮
重量	1,010 千克
最大速度	205 千米 / 小时

第四代 Polo　2001—2009

2001 年，时机再次到来，大获成功的 Polo 系列将技术升级至最新标准。技术选用了早已用于斯柯达 Fabia 的平台技术，外观特征则借鉴了自家小型车路波。路波的四眼前脸造型很时尚，也很适合尺寸更大的 Polo。第四代 Polo 的尺寸也再次变大了一些，其车身总长度增加了 154 毫米，轴距增加了 53 毫米。新款 Polo 的两门款和四门款车型都保留了之前的外观，但线条更加犀利。2004 年上市的 Polo Sedan 和 2005 年改款之后上市的 Polo Cross 都是极具市场影响力的创新之作。

Polo 的定位介于真正的小型车路波和紧凑型轿车高尔夫之间，而它最大的创新则藏于引擎盖板之下——全新设计的三缸汽油发动机，其中每个气缸配有两个气门（54 匹马力款）或四个气门（64 匹马力款）。与我们熟悉的 1.4 升四缸直喷汽油发动机（86 匹马力）相比，三缸发动机非常节能。按照欧盟的数据，这款三缸汽油发动机的每百千米油耗为 7.6 升。当时，虽然汽油发动机一直在想办法提升其燃油经济性，但是始终无法与柴油发动机相匹敌。Polo 1.4 TDI 则以每百千米油耗 5.5 升（欧盟标准）的成绩保持着 Polo 系列的最低能耗纪录。第四代 Polo 配备了五款汽油发动机和三款柴油发动机，动力最强的款式首先是 1.4 升 16V 发动机（2002 年起售），其次是 100 匹马力的 TDI 发动机。

随着路波的退市，Polo 也告别了四眼设计。2005 年的改款再次改变了 Polo 的前脸设计，如今的 Polo 搭载的灯具都被合并在一个灯罩下——这也是下一波汽车世界的潮流。这种设计使得散热格栅和品牌 logo 更为突出。更重要的是，不久之后上市的新车型——Polo GTI 引起了巨大的轰动，作为一辆 150 匹马力的车，Polo GTI 仅重 1,050 千克，所以非常灵活。Polo GTI 最高速度可达到傲人的 216 千米 / 小时。

新的尺寸：第四代 Polo 已经和高尔夫一样大了。图为经过车头改款的第四代 Polo。

极具吸引力的外观：兼具 SUV 特色的 Cross-Polo。

技术参数	大众 Polo TDI 蓝驱款
生产类型	小型车
生产时间	2005—2009 年
发动机	三缸直列，柴油机
排量	1.5 升
功率	80 匹马力
变速箱	五挡手动
驱动	前轮
重量	1,164 千克
最大速度	176 千米 / 小时

Polo GTI 的发动机功率已达到 140 匹马力。

Polo GTI 的外观设计非常独特，第一眼就能识别出来。黑色的散热器格栅，一直向下延伸，与保险杠相连。这使得 Polo GTI 看起来动感十足。若你想充分体验驾驶的乐趣，且对空间没有太高要求的话，Polo GTI 将会比高尔夫 GTI 更加适合你。毕竟，这两款车型的售价相差 5,000 多欧元（Polo GTI 售价为 19,125 欧元）。2006 年，大众针对赛车运动推出了一款新的 180 匹马力杯赛版 Polo GTI。Polo 系列在其他方面也可以做到极致：和著名的路波 3L 一样，采用"蓝驱"技术的 Polo TDI 也经过了空气动力学优化，按照欧盟标准，其每百千米油耗仅为 4 升。

Polo 系列第二阶段的第二个重要车型创新是 Cross Polo。当时的主流审美倾向便是越野车，Cross Polo 满足了人们对高视野和越野车的渴望。Cross Polo 为前轮驱动，但其车身侧面的下缘为黑色。为了防止不良道路环境对车身的损坏，Cross Polo 的车头下端设计了特殊的金属保险杠（又称牛鼻环设计）。这些新设计让 Cross Polo 看起来更像一辆新车型。

Cross Polo 可在一款 101 匹马力的 TSI 发动机或两款 TDI 发动机（70 匹马力和 100 匹马力）中选择。由于配置不同，基本配置的四门款 Polo 和 Cross Polo 之间的差价为 3,000 欧元。不过，Polo 的定价一直备受争议，至少在德国市场上是这样。虽然专业的汽车杂志总是对 Polo 的驾驶表现、舒适性和可用空间（以四门车型为例）大加赞赏，但年轻人们一直批评 Polo 的售价过高。

第五代 Polo　2009—2014

Polo 的内部改动总是比外观变化更大，2009 年上市的第五代 Polo 也是如此。虽然新款 Polo 的车身长度增加了 60 毫米，但仍然没突破 4 米大关。视觉上很难察觉的、变得更短的车尾设计，也有助于进一步扩大内部空间。比起以往，第五代 Polo 更像高尔夫了，它参考了一些将于 2012 年上市的第七代高尔夫的设计思路，并且相比第六代高尔夫棱角更为分明。

第五代 Polo 的前脸设计与上一代相比有了很大不同，不再拥有夸张的散热格栅和大灯，而是更符合大众一贯的设计风格。如今的 Polo 从正面看起来显得成熟稳重，不过从后面看还是像一辆小型车。2010 年 2 月 4 日，自 1975 年 Polo 系列正式投产起计算的第 11,111,111 辆 Polo 于印度浦那工厂下线！这可是值得庆贺和纪念的日子！

下一步的发展方向：第五代 Polo 明显与高尔夫更为相似。

同时期的高尔夫比 Polo 早一年上市。和从前一样，Polo 还是使用了各种高尔夫系列现有的技术和配置。最重要的就是安全气囊，四气囊已成第五代 Polo 的标准配置，若有需求顾客还可选装两个额外的头部安全气囊。尾气排放是除汽车安全性以外的另一大议题，为了保护环境，汽车生产商应尽可能降低尾气中的二氧化碳含量。凭借上一代就已引入的"蓝驱"柴油发动机，第五代 Polo 在碳排放方面也有不错的表现。大众在实验室条件下测得 1.6 升 TDI 发动机的每百千米油耗仅为 3.3 升。

虽然一直和高尔夫关系非常紧密，但至少在发动机方面，Polo 还是与高尔夫之间有一定的差距。Polo 所搭载的最强大的发动机功率为 105 匹马力，这既是一台 1.6 升、16 气门汽油发动机的数据，也是另一台 1.6 升 TDI 柴油发动机的动力表现。在第五代 Polo 首发仪式上亮相的新款"蓝驱"发动机额外搭载了怠速熄火系统，进一步降低了尾气排放量。如今的 Polo 也可选装一款七挡双离合变速箱。

在第五代 Polo 上市一年后，全新的 Polo GTI 也正式亮相。它重新为自己闯出了名堂，其 180 匹马力的强大性能可以为热爱赛车的普通驾驶者提供无与伦比的驾驶乐趣，在上一代 Polo 中仅有杯赛版可以达到同样的动力。第五代 Polo 共有 11 款发动机可供选配，其功率在 60 匹马力和 180 匹马力之间，其中还包括一款使用液化石油气的发动机。在车身设计方面，除了著名的双门版和四门版，2010 年第五代 Cross Polo 再次上市。Polo 丰富的配置和款式显示了它在大众旗下产品中的定位——作为一款小型的紧凑型轿车，Polo 技术上乘，动力强劲，外形现代，就是售价稍微贵了一点点。

Polo 在赛车运动中也扮演着重要的角色。在世界拉力锦标赛中，大众汽车从 2013 年到 2016 年不断取得胜利——而赛车手们所驾驶的车便是 Polo。为了纪念取得世界冠军，大众限量推出了 2,500 辆 Polo WRC，它搭载的 2.0 TSI 发动机可输出 220 匹马力。

宽敞且强大：新款 Cross-Polo 的外表极具震慑力。

第六代 Polo   2017 年至今

Polo 仍在向高尔夫靠近。2018 年底，第六代 Polo 上市了，如今的 Polo 已完全不属于小型车范畴。第六代 Polo 车身长度较上一代增加了 81 毫米，突破了 4 米大关，轴距也增加了 80 毫米。整体空间利用度进一步提升。第六代 Polo 的尺寸已经超过了第四代高尔夫，也几乎快要追赶上当前的第七代高尔夫了。如今，娱乐系统、多功能方向盘和电子辅助系统这些常见于高端车型的设备都可用于 Polo，当然部分配置需要额外付费。

在德国市场上，在配置相近的情况下，Polo 比四门款高尔夫便宜约 3,000 欧元。《汽车与运动》杂志曾经调查过高尔夫和 Polo 这两款兄弟车型的差异，经过测试后，该杂志认为，在发动机相同的情况下，高尔夫的外形更美观，驾驶舒适度更高，而 Polo 则拥有更多驾驶乐趣。

技术参数	大众 Polo MPI
生产类型	紧凑型轿车
生产时间	自 2017 年起
发动机	三缸直列
排量	1.0 升
功率	65 马力
变速箱	五挡手动
驱动	前轮
重量	1,030 千克
最大速度	164 千米 / 小时

不过，我们在这里主要讨论的还是 Polo。第六代 Polo 与前辈们相比线条感更为明显。狭长的前大灯、着重强调的散热格栅、互相呼应的侧面线条都使 Polo 极具动感。第六代 Polo 共提供九款可选的发动机，其中包括首次推出的天然气发动机。混合动力和纯电动车型仅高尔夫系列拥有。

Polo 所搭载的三缸发动机，无论是汽油机还是柴油机都非常出色。一款采用汽缸停缸技术的 1.5 升 TSI 发动机功率为 150 匹马力，而最高功率还是由 2.0 升四缸发动机提供——为 200 匹马力。Polo GTI 可以达到 237 千米 / 小时的最高速度，已经非常接近 250 千米 / 小时，这也是大众旗下所有量产车的速度上限。

第六代 Polo 正式转变为紧凑型轿车。

Derby

　　与体育界术语"德比"同名的 Derby 车型与 Polo 同源，彼此也进行了一定的竞争。但该车型的一生并不平坦。高尔夫的掀背式设计在汽车世界开启了一场实用性革命，但有的人有着不同的想法——总会有人需要一个独立的后备厢吧？虽然"三厢 Polo"的想法在法国和德国都遇冷，但好在德国海外市场对三厢车有大量需求。所以，大众为了保持可持续的销售增长，在 Polo 的基础上独立开发了三厢车 Derby。

　　Derby 比 Polo 长 31 厘米、高 8 毫米、重 30 千克。Derby 的后备厢容积可以达到令人惊叹的 615 升。Polo 的后备厢虽然只有 280 升容积，但是若折叠两个后排座椅，则可以达到 900 升。因此，你必须根据自身的需求来选择车型。Derby 更适合四人短途度假，而 Polo 则更适合两人远距离出行（当时，Polo 的后排座椅并不能部分折叠）。它俩的售价差别不大，最初 Derby 比 Polo 贵 280 马克（在配置接近的情况下），后来又略低一些。所有在 Polo 系列上进行的改动，如配置更新、特别款车型和所有改款，Derby 也同步更新。

1997 年问世的第一款 Derby 是一款三厢式的备选车型。

但是，Derby 的销售期仅有 4 年。它的产量和市场占有率不断上下波动。在其与 Polo 同时销售的第一年里，Derby 的产量约为 112,000 辆，但不久便下降了七成。在当年大众售出的 110 万辆汽车中，Derby 大约占了 30 万辆。这已经是非常不错的成绩了。第一款 Derby 在大众的产品计划中地位独特，也是大众进行产品调整的结果之一，至少在德国，Derby 比当初提出计划的时候受重视多了。

1981 年晚秋，第二代 Derby 问世。这款三厢轿车并不如 Polo 一般引人注目，因为 Polo 创新性的垂直掀背设计更具视觉冲击力。虽然 Derby 也有着独特的 B 柱设计，但是这不能显著改善它的境况。Derby 细长的后侧窗与其加长了 320 毫米的车身契合完美，宽大的尾灯和棱角分明的车尾也很漂亮。

第二代 Derby 车身重量略有下降，不过它精致的后备厢盖其实很重。让我们来看看行李箱容积。和上一代一样，新款 Derby 的行李箱容积也处于三厢车中游水平，共有 445 升，比上一代略小，但比 Polo 多出 200 升，不过还是远不及 Polo 折叠座椅后达到的 1,000 升。自 1985 年起，人们通常称 Derby 为三厢式 Polo。

Derby 可以被看作"第二代 Polo"的三厢款，不过它不再隶属于 Polo 系列了。

新款 Derby 的产量仍然远低于预期。截至 1989 年，Derby 共售出约 10 万辆，而与此同时的 Polo 销量为 76 万辆、轿跑版 Polo 销量也有 27 万辆。轿跑版 Polo 挤占了 Derby 和三厢 Polo 的生存空间，或许这就是 1990 年第二代 Polo 改款时没有更新三厢款 Polo 的原因。

后来，以 Derby 为名的三厢车永远地停产了。三厢 Polo 倒是于 1995 年重新上市，直至 2003 年才再次停产。1995 年上市的西雅特 Cordoba 被称为 Polo Classic，虽然它与第三代 Polo 同时上市，但是它的核心技术源自高尔夫，目标市场也是紧凑型轿车。西雅特搭载了一款与 Polo 一样的经典 1.4 升汽油发动机，1998 年更新了一款来自高尔夫的 1.6 升双气门发动机（100 匹马力，全铝发动机）。与 Polo 相比，作为紧凑型轿车的 Cordoba 的车内空间更为宽阔。

Polo Classic 也可搭载与 Polo 一样的柴油发动机，它俩也提供四门款。大众还于 1997 年在西班牙推出了一款有趣的车型——Polo 旅行版，这也是 Polo 系列中唯一一款旅行车。西雅特同时出售 Classic 和旅行版两款 Polo，其价格甚至比在德国的售价还要便宜 1,500 马克。只是 Polo 旅行版很快就于 2000 年在德国退市，Polo Classic 也在紧接下来的 2011 年下市了。只有阿根廷还在继续销售 Polo Classic。

后方的为西班牙西雅特开发的 Polo Classic。前面这辆则为第三代 Polo。

2003 年，Polo 和三厢款这两个概念最后一次结合，新结合的这款车也有一个新名字——Polo Sedan，主要面向南欧和美洲中部市场。与 Derby 系列不同的是，Polo Sedan 的四门设计不仅独具特色，而且非常养眼。不过在德国，Sedan 还是非常小众，并且两年后就停止销售了（它比基础款 Polo 贵 1,350 欧元）。Sedan 在巴西及其邻国市场很受欢迎，于是大众便在巴西本地生产并就近销售。南非的情况也是如此。

第三章　崭新篇章

——复古潮流和生活方式

微型车：路波、Fox 和 "Up!"

路波　1998—2005

　　随着 Polo 开始在汽车市场上攻城略地，它超越高尔夫只是时间问题——小型车又有了市场空间。1998 年，路波（源于拉丁语 Lupo，意为狼）发售，其良好的销量一直保持到 2005 年，在此期间市面上几乎没有能与之竞争的车型，至少在同类型车中路波是独一无二的领军车型。作为第一款批量生产的四座、每百千米油耗为 3 升的车型，路波 3L 在问世之初便引起了不小的轰动。不过，除这款 3L "超级路波"之外，还有其他的车型在这个生命力不长的产品系列中起到了举足轻重的作用。该项目从一开始就被规划为双轨制项目，除了大众路波外，另一款与路波几乎一样的车将以西雅特 Arosa 的身份在西班牙发行。其实，Arosa 的出现甚至可以追溯到路波之前，它很早就在沃尔夫斯堡进行大批量生产了，并于 2001 年转移至布鲁塞尔继续生产。

　　新的"小家伙"路波在很多方面都受到了 Polo 的启发，相对 Polo 缩短了一些的车身和不变的发动机设计是路波赖以成名的基础，而其他所有的设计语言是全新的。紧凑的两厢车身动感十足，车头的大尺寸车灯非常显眼，后轮拱处的线条更显轻快。虽然转向灯比较小，但路波的车头采用了经典的"四眼"设计，后来 Polo 也使用了这种设计。不过，这种时尚的设计很快就被淘汰了。明亮的车窗，宽大的车门，这款圆润的微型车非常讨人喜欢。

紧凑且清爽：小路波的外观非常讨人喜欢。

与 1999 年刚刚更新换代的 Polo 相比，路波在长度上少了 217 毫米，但高度增加了 37 毫米，这对后座乘客来说是一个小小的安慰，而前排的空间和 Polo 相比没什么区别。不过，路波的车身重量减轻了 50 千克，使它在城市和乡村道路上都非常灵活。

首款上市的 50 匹马力、1.0 升排量的发动机已经可以满足大部分驾驶需求；1999 年开始推出的 1.4 升排量、16 气门的车型则更胜一筹；在千禧年之交，路波 GTI——该系列中的热门产品问世了。这款 GTI 的发动机可输出 125 匹马力的功率，比号称大众车型历史上永恒的标杆、传说级别的高尔夫 GTI 都高出了 15 匹马力。早在 1998 年，路宝 GTI 就已经在新的品牌奖杯赛中崭露头角。路波的狂热粉丝们在赛道边为飞驰的路波加油鼓劲，汽车运动爱好者也为市面上又出现一款价格更加亲民的赛车而欢欣鼓舞。1999 年，路波装配了一款全新的发动机——1.4 升排量的 FSI 直喷汽油发动机，这也预示着汽油发动机的下一个时代已经到来。

技术参数	大众路波
生产类型	小轿车
生产时间	1999—2005 年
发动机	三缸直列，涡轮增压柴油发动机
排量	1.2 升
功率	61 匹马力
变速箱	五挡，顺序式，自动挡
驱动	前轮
重量	803 千克
最大速度	165 千米 / 小时

柴油发动机 TDI（75 匹马力款）和 1.7 SDI（60 匹马力，每百千米油耗仅为 4.8 升）的表现已经十分令人满意，而路波的 1.2 TDI（那是 1999 年上市的 Lupo 3L 的官方名字）的每百千米平均油耗可低至 3 升。虽然路波因为不久后便停产而没能开创一个新的时代，但路波所代表的低油耗（尤其是在引入电动车技术后汽车将更加省油）象征了汽车市场未来的走向。

路波的车身设计使用了轻量化的部件，窄小的经济型轮胎，甚至在底盘上也进行了空气动力学的优化，如果切换至省油模式，61 匹马力的发动机可只调用 45 匹马力——这一精准协调的自动化系统造就了能源节省的奇迹。路波 1.2TDI 的车身重量为 830 千克，比 1.4 TDI 款轻 155 千克，比 1.7 SDI 款轻 145 千克。与后两者相比，路波 1.2TDI 的油耗明显更低：每百千米油耗分别降低了 1.6 升和 1.8 升。当然，在价格上也有差别：2000 年，路波 1.2 TDI 的德国市场价为 27,381 马克，这与 Polo 1.4 TDI 的价格相当，比 1.4 TDI 款贵 1,700 马克，比 1.7SDI 款贵 4,200 马克。

路波也有 16 气门发动机款可供消费者选择，提供了更为畅快的驾驶体验。

低配版路波的销售则没有那么成功。确切地说，大众一共生产了 29,892 辆低配版路波，约占总产量的 12%，不过这也是可以接受的。2000 年是销量最好的一年，当时共有 97,403 辆路波出厂。到现在为止，路波的总产量约为 49 万辆。

大众 Fox　2005—2011

继路波之后，大众又推出了一款"Fox"，意为狐狸。Fox 是大众汽车 2005 年推出的新款微型车，这个名字简短而好听。尽管人们对狐狸这种聪明的动物充满喜爱，但当时的人们对 Fox 并不怎么认可，至少在德国是这样的。这是一款全新设计的车型，主打南美地区市场。主要原因是巴西的汽车市场上缺少一款能够真正取代路波的微型车，所以 Fox 在巴西很顺利地便打开了销路。尽管一些潜在的买家认为这款车有许多缺陷，但大众汽车仍在继续推进这个项目，并在欧洲市场上销售从南美进口的 Fox，这一时间长达 6 年，填补了欧洲微型车市场的空缺。

路波和"Up！"之间的过渡车型：在销售的 6 年中，来自巴西的小狐狸 Fox 在大众的微型车产品中并不突出。

　　在 Fox 的家乡巴西，Fox 2004 走完了完整的一生。大众与菲亚特一直争夺着巴西市场的主导权，但大众在小型车领域还是缺乏有说服力的产品。Fox 是在 Polo 的基础上设计的，在南美地区也有四门版可供选择，不过只有双门版车型反哺了欧洲市场。乍一看，人们会觉得 Fox 后排座椅的空间很小，但若从尺寸上考量则不是如此。在轴距上，Fox 整体上仅比 Polo 短了 88 毫米，这种尺寸主要是紧凑的后部悬挂节省出来的空间。不过就高度而言，Fox 比 Polo 高出 77 毫米，故而更具优势。

　　Fox 的侧面轮廓让人不禁想起了第三代 Polo，当时新款的 Polo 外观更加动感且棱角分明。人们需要去适应 Fox 相对扁平的侧窗，它们会在不经意间提醒你正坐在小车里。坐在前排时，你也能感觉到巴西的设计师比他们的德国同事更为保守。

　　Fox 在欧洲的主要任务是占领低价位市场。这就是大众 Fox 在欧洲只有两门版和 3 款发动机可供选择的原因。它们全部都源自 Polo 的技术：直列三缸和直列四缸 FSI（55 匹马力和 75 匹马力）和 1.4 升涡轮增压柴油机（三缸，70 匹马力）。基本版的配置比较精简，售价为 8,950 欧元，在安全性能方面只有 ABS、两个安全气囊和安全带张紧器这些基本配置。如果你想额外订购 ESP、空调等不可或缺的设备，价格就会随之迅速上涨。不过，单纯考虑售价的话，Fox 的价格真的很有竞争力，它比刚刚下市的路波低配版便宜 1,000 欧元，比 Polo 低配版便宜 2,500 欧元。

在接下来的时间里，Fox 几乎没有任何大型改款，仅在 2010 年推出了一款
60 匹马力的新型汽油发动机。2011 年，Fox 便已经完成了它的使命，因为全新
的大众微型车"Up！"即将上市。有着 2005 年的良好开局做保障，德国市场的
Fox 仅在两年内就达到了 35,657 辆的销售巅峰，7 年内总销量为 143,136 辆。只
与此同时，Polo 的销量始终是 Fox 的两倍或三倍。

当然，在 Fox 的家乡巴西，它的处境不错。Fox Sunrise 是仅在巴西出售的
一款本土车型，和市场上的其他车一样，它也有乙醇动力款可供选择。

技术参数	大众福克斯
生产类型	小轿车
生产时间	2005—2011 年
发动机	四缸直列
排量	1.4 升
功率	75 匹马力
变速箱	五挡，手动挡
驱动	前轮
重量	1,085 千克
最大速度	167 千米 / 小时

"Up！" 首发于 2011

2011 年秋，在法兰克福的国际汽车展览上，大众填补了小型车产品里最后
的空白——迷你车。一直以来，大众针对这一领域都缺乏相应的解决方案。年轻
的小家伙"Up！"（事实上，它的正式名称中真的带有感叹号）终结了 6 年来作
为大众迷你车系列临时产品的 Fox。大众凭借新的产品"Up！"、其姐妹车西雅
特 Mii 和斯柯达 Citigo 重新踏上征程。这三款大众旗下的迷你车都在斯洛伐克
工厂布拉迪斯拉发生产。

它没有采用大众品牌典型的前脸设计，但仍然与之前的设计风格十分接近，
比如车前挡板周围独特的用于放置汽车牌照的条纹框架。西雅特和斯柯达则在自

己的车型上沿用了自家独特的前脸及尾灯设计。自 2012 年 5 月起，"Up！"也有
四门款可供消费者购买。2016 年问世的 Cross-Polo 则结合了"Up！"和 Polo 两
款车型的设计特点，是一款经典的跨界产品。

空间的优化利用是"Up！"的设计重点。设计师在外部尺寸紧张的情况下，
利用几乎垂直的侧门和后部，达到了尽可能最大化车内空间的目的。同样，这一
理念也一直贯彻在"Up！"的设计上。2,420 毫米的轴距刚好能使乘客满意，后
备厢的空间也算及格。好在前置的紧凑型三缸发动机所占空间很小，让乘员可以
稍微舒展一些。"Up！"的内部高度为 1,480 毫米，也还说得过去。"Up！"的目
标群体主要是年轻人。其设计新颖，性能良好，对喜爱社交的年轻人来说是一款
十分理想的代步车。

小型车必须经济实惠——这一点是毋庸置疑的，因为作为主要目标客户的年
轻人在出行方面预算并不多。"Up！"所搭载的两款三缸发动机同样源自 Polo，
并出色地完成了任务。其在售车型中有 60 匹马力和 75 匹马力两种发动机可供选
择，其中功率更低的发动机按照 ECE 标准每百千米油耗仅为 4.2 升汽油，柴油
机油耗也是这样。本来"Up！"完全不考虑使用柴油发动机，但在 2015 年，90
匹马力的 TSI 柴油发动机也作为可选配置上线了。

"Up!"的两款型号：双门版和四门版。

小小的经济适用车：Cross "Up！"的外观非常独特。

随着时间的推移，"Up！"的发动机功率也越来越大，直到 2017 年底达到顶峰——"Up！"GTI 问世了。1.0 升的排量实际释放出了 115 匹马力，每百千米加速仅需 8.8 秒，最高速度可达 196 千米 / 小时。整车重量为 1,070 千克，比 Ur-GTI（第一代高尔夫 GTI）多出 200 千克。对觉得 Polo GTI 太过泛滥的纯粹主义者来说，"Up！"GTI 是一个新的选择，尤其是其 16,975 欧元的售价对他们来说更是毛毛雨一般。"Up！"的入门款的价格多年来一直低于 1 万欧元，因此具有绝对的竞争力，尤其是就算入门款也配备了充分的安全辅助设施。

拥有更强劲的发动机是小型车的发展方向之一，而另一个方向则是较高的燃油效率和环境保护。这些议题都在"Up！"随后的改版中占据了重要地位。

第一阶段："Up！"开始搭载天然气发动机（EcoFuel 型）。天然气发动机（68 匹马力，后来也有 75 匹马力的）与 60 匹马力的汽油发动机相比，每百千米可以减少 11 克的二氧化碳排放。当涉及法律限制的尾气排放时，就算是一点儿小改变也益处多多。一般来说，天然气汽车并不是很普及，至少在德国是这样的，因为加气站网络的扩建进展非常缓慢。

"Up！"在第二阶段改造中推出的电动版成功地完成了它的节能使命。继电动版高尔夫之后，电动版"Up！"在 2013 年作为更小、更便宜的替代产品进入市场。

　　"Up！"在德国市场找到了属于自己的位置：从上市到 2017 年，共售出 242,640 辆，大大超过了同期的（最大功率只有 75 匹马力的）西雅特 Mii 和斯柯达 Citigo——当然，这几款车虽然是姐妹车，但是外观仍然有着明显不同。

真正的驾驶乐趣："Up！"GTI 搭载着 115 匹马力的强劲发动机。

技术参数	Up! GTI
生产类型	小型车
生产时间	自 2017 年起
发动机	三缸直列
排量	1.0 升
功率	115 匹马力
变速箱	六挡，手动挡
驱动	前轮
重量	995 千克
最大速度	196 千米 / 小时

Revival 复刻款：新甲壳虫

来自经典甲壳虫的问候——新甲壳虫将自由演绎属于自己的篇章。

甲壳虫在停产后仍然深深地留存在人们的记忆中——尤其是在美国和德国还有许多甲壳虫爱好者。现代汽车界正刮起一阵复古风潮，人们很快便将目光投向大众的第一款车，也是永恒的经典——甲壳虫。大众汽车对重新推出甲壳虫这个计划很谨慎，大众首先进行了调研，以测试公众的反应。1994 年，甲壳虫 1 号概念车反响非常不错，所以大众决定重新开发甲壳虫并进行大批量生产。这个决定确定于 1995 年，仅在两年后，墨西哥的普埃布拉工厂便开始生产新甲壳虫。1998 年 1 月，新甲壳虫在美国底特律车展上正式亮相——它可是展会上最受欢迎的车型——并于同年 10 月在巴黎举行欧洲首发仪式。

新甲壳虫　1998—2011

复刻版甲壳虫的风格早在研究中就已经确定了，新甲壳虫在很大程度上遵循了最初的设计，只是在保险杠区域的设计略有不同。除了外观设计，新甲壳虫与高尔夫几乎一致，两款车型都采用前轮驱动及前置的横向发动机，在技术层面上也与当前的高尔夫第四代完全相同。

很多人第一眼就爱上了这辆车。宽大的挡泥板、弧形的发动机盖、掀背式车身设计和流畅的车顶曲线，这些都能让人联想起经典的甲壳虫——但它又有自己的特点。事实上，大众认为新甲壳虫不能也不应该是上一代的简单复制品。虽然用了高尔夫的技术，但新甲壳虫更长的轴距和更宽的车身已经是创新之举。2003年新增的敞篷款车型也沿用了许多甲壳虫的经典设计。在内饰方面，大众也下足了功夫，如方向盘旁边的花瓶（甲壳虫时代的流行配件）、大号圆形仪表盘和B柱上的表带等。

新甲壳虫是一款真正的四座车，而不是带有应急座椅的轿跑车——只不过后排空间比较有限。其前排空间充足，可以给乘客以舒适的乘坐感。当然，无论是谁想模仿甲壳虫的设计，都得再重新规划一下汽车的后备厢空间。现在的后备厢较旧版更为靠后，存储空间仅为209升，甚至比旧版还少了71升，并且也没有旧版甲壳虫所独有的第二行李箱。不过，在实际生活中这其实不是问题，因为新甲壳虫的使用者更倾向于两人出行。后排座椅折叠后，车内容积仍为527升。电动玻璃天窗（带升降装置）这一新潮设计从发行时就备受追捧。

最初，新甲壳虫使用的是115匹马力的2.0升汽油发动机和TDI 1.9升（90匹马力）发动机。在1999年和2000年分别推出了1.8升20 V（150匹马力）和2.3升V5（150匹马力）两款发动机，这在当时已属顶级。这就是新甲壳虫的可选配置——入门级车型和中级车型配备汽油发动机，同时也有柴油发动机可供选择，而高端版则可选配两款更快的发动机。新甲壳虫的最高荣耀当然属于甲壳虫RSi，不过它只小批量生产了250辆，并且仅用于赛车运动中的品牌杯赛。RSi作为新甲壳虫系列的跑车，其224匹马力的VR6发动机在大众车系中也可傲视群雄；六速变速箱和四轮驱动技术则来自高尔夫和宝来。RSi的外在设计标志是针对高速的空气动力学优化修饰，其中最重要的是大面积的后扰流板。当然，这样一款车的价格也水涨船高，其2011年的售价为69,500欧元，是新甲壳虫最简单车型1.6版的4.5倍。一般来说，一辆新甲壳虫的价格要比同时期同配置的高尔夫高出 10%。

技术参数	大众新甲壳虫 RSi
生产类型	紧凑型轿车
生产时间	2000 年
发动机	六缸 V 系列
排量	3.2 升
功率	224 匹马力
变速箱	六挡，手动挡
驱动	四轮驱动
重量	1,251 千克
最大速度	225 千米 / 小时

极具吸引力的两款车：新甲壳虫有轿车和敞篷车两种车型可供选择。

2003 年，新甲壳虫敞篷版的出现填补了前一年由于高尔夫第三代敞篷版停产留下的空白。新甲壳虫敞篷版的车顶选用了可电动折叠的车顶，并且基本能全部收纳。甲壳虫经典的高侧窗、下沉式座椅，以及位置靠前的挡风玻璃，都让敞篷驾驶的感觉十分愉悦。敞篷版甲壳虫的出现，让德国人对新甲壳虫一直保持着高涨的兴趣，即使它所采用的技术（源自高尔夫四代）早已经跟不上时代。2005 年的一次轻微改款帮助它继续坚持了 13 年。总共有约 120 万辆新甲壳虫在墨西哥生产并销往世界各地。

甲壳虫 2011 年至今 [①]

第二代新甲壳虫不再像第一代那样活泼俏皮，而是更多地让人联想起甲壳虫最初的原始设计，这便是第二代新甲壳虫的呈现方式，并且它现在的名字仅为"甲壳虫"（以下段落中的甲壳虫指代第二代新甲壳虫——译者注）。

那么，它在外观上有什么变化呢？甲壳虫的车顶不再是具有弧度的独立小穹顶，而是由倾斜且笔直的 A 柱衔接。其实旧版甲壳虫也是如此，因此其侧面线条便更显动感。现如今的挡泥板和后窗形状也更接近旧版。与第一代新甲壳虫一样，甲壳虫的大灯是圆形的，但变大了许多。

所有改动都显得这款车型比上一代新甲壳虫更长、更宽、更低，从而显得更有力量感，从某种意义上来说也更加坚固、严肃。不过，甲壳虫的后扰流板较旧版位置更靠前。甲壳虫的技术基础仍然来自同步的高尔夫六代，后者一直到 2018 年才逐步停产。与之前一样，墨西哥的工厂负责甲壳虫的生产与供货。四款发动机——两款 TSI 和两款 TDI，功率范围在 105 匹马力至 211 匹马力之间，被安装在了欧洲版甲壳虫上。美国版甲壳虫则在此基础上额外增加了两个带涡轮增压器的喷射装置。甲壳虫系列当然也拥有一款夺人眼球的特别版，那就是 GSR，它会让人联想到著名的黄黑赛车 1303 S。甲壳虫 GSR 采用了高尔夫 GTI 的同款发动机，最大功率达到了 210 匹马力。

2013 年，备受欢迎的敞篷版上市了，并在 3 年后补充了甲壳虫 Dune——意为

① 甲壳虫已于 2020 年停产退市。

沙丘，这个名字让人想起了新甲壳虫的早期研究——甲壳虫 Dune 有着更大的离地间隙。与此同时，甲壳虫系列的所有车型都进行了小幅修改。2018 年问世的敞篷甲壳虫作为当时大众旗下唯一的敞篷大众汽车，地位特殊，但产量不大。而非敞篷版已经在欧洲退市将近一年了。截至 2017 年，共有约 60 万辆甲壳虫售出。

与原版甲壳虫更加相似：第二代新甲壳虫其实也叫甲壳虫，当然有敞篷版可供选择。

家庭车型：夏朗、途安

夏朗　1995—2010

　　大众的更新速度虽然不是市场上最快的，但它经常能创造出令人印象深刻的经典产品，比如，1995 年上市的夏朗——一款集旅行车的宽大乘员空间、轿车的舒适性和厢式货车的功能于一身的多用途汽车（MPV）。人们对多用途汽车这一概念并不陌生，不过相对其他车型来说它还是很年轻。1984 年上市的雷诺 Espace 便是多用途汽车的先行者。大众汽车算是这一领域的后来者。福特欧洲

家庭面包车：夏朗的尺寸介于商旅两用版帕萨特和运输车之间。夏朗的第一款车型生产销售持续了 15 年。图为经过 2000 年改款后的版本。

公司面临着同样的境况，所以两家厂商决定共同合作开发 MPV 车型。新工厂设立在葡萄牙，大众旗下伊比利亚半岛品牌西雅特（西班牙）也参与到了这个项目中。因此，3 家公司随后推出的福特 Galaxy、大众夏朗和西雅特 Alhambra 3 款车型的基本技术几乎是一样的，仅仅在外观上（尤其是各家的车头都采用了家族式的设计语言）做了一些改变。同样采用这种战略的还有标致、雪铁龙和菲亚特，这 3 家共同研发了欧蓝德（Eurovan），比大众和福特还早一年上市。

　　大众的运输车系列已经上市很久了，但是人们对汽车尺寸的需求愈加细分。夏朗的目标便是填补帕萨特旅行版和迈特威/凯路威之间的空白，夏朗也成功做到了。3 款车型尺寸并不相同，主要区别在高度上，夏朗比帕萨特旅行版高 250 毫米，但比凯路威低 210 毫米。与传统的运输车相比，夏朗有更为明显的优势，它配了 7 个可以纵向调节的座椅，空间搭配更为灵活。夏朗 GL 版的优势就更突出了，前排座椅可以旋转，甚至还有一个可以折叠的桌子。这样就能把汽车变为一个小型的客厅。位于第三排座椅后面的后备厢容积并不大，只有 256 升，但装大件行李也基本够用。帕萨特旅行版的后备厢容积为 465 升。凯路威的为 540 升，为后备厢容积最大的车型。同样在折叠或取下座椅的情况下，夏朗的容积（1,500 升）比帕萨特（1,200 升）的大，但比凯路威（2,000 升）的小。

夏朗宽大的后备厢盖和合适的高度非常适合家用。当然，人们都很想要欧蓝德那样的滑动侧门，但直到 2010 年，第二代夏朗才安装了滑动侧门。夏朗的外观简洁明快，富有现代气息。宽大的侧窗和大倾角挡风玻璃让汽车看起来干净利落。当然，美观的背后也有不足：大面积的玻璃在阳光下会使车内温度大幅上升，大家可要知道，开始时夏朗还没有标配空调呢。最初上市的夏朗也分为 CL、GL 和 Carat 3 个配置不同的档次，对应了系列中基础线、舒适线和高端线的布局。

3 款发动机成就了夏朗系列，其中两款发动机也被福特用在了自家旗下的 Galaxy 车型上。这两款发动机分别是 1.9 升排量的 TDI 发动机（90 匹马力）和 VR6 发动机（174 匹马力），它们的强劲马力让夏朗成为家用面包车中的一颗明星。低配版配备的发动机则是两升四缸发动机（85 匹马力）。在新款夏朗上市后不久，大众又为该系列增加了 Syncro 四轮驱动版本，搭载的是 VR6 发动机。此外，大众还引入了自动变速箱。

夏朗在 2000 年的第一次外观改款实际变动不大。在一年前，大众公司终止了与福特公司的合作协议，但是大众仍然负责福特 Galaxy 的生产工作，要一直持续到 2005 年合约结束。当然，大众自己旗下品牌西雅特 Alhambra 同样在市场上继续销售着。清晰的玻璃大灯、更为突出的车头、新的保险杠以及汽车尾部的红色灯带，这些改动对这款过渡车型来说已经足够了。115 匹马力的 TDI 发动机取代了之前的 TDI 发动机，2001 年又新增了一款 150 匹马力的 TDI 发动机。顶级发动机仍是 204 匹马力的 VR6。目前，新的五速自动变速箱在全系车型上已均可选配。前排座椅新增的侧帘气囊增加了行车的安全性。

第一代夏朗共计生产了 15 年。它在欧洲迅速确立了大容量轿车的领先地位。不过，随着以高尔夫为基础设计的面包车途安的问世，夏朗在大众车系内的地位发生了变化——大众旗下小型 MPV 的头牌变成了更小但更现代的途安。

技术参数	大众夏朗 2.0 TDI
生产类型	面包车
生产时间	自 2011 年起
发动机	四缸直列
排量	2.0 升
功率	150 匹马力
变速箱	六挡手动或双离合
驱动	前轮或四驱
重量	高于 1,697 千克
最大速度	198 千米 / 小时

第二代夏朗　2010 年至今

　　第二代夏朗的车身总长度增加了 220 毫米，车内空间也变大了（轴距增加了 80 毫米），这样的改变让第二代夏朗比途安更受欢迎。如今的夏朗还配备了

直到第二代夏朗才配备了滑动侧门。

人们一直以来都极为渴求的电动侧门。由于在第二排和第三排中安装的是可完全折叠的单个座椅，因此第二代夏朗的内部空间的可利用度更高了。如果把座椅卸下，车内的整体空间可达到 2,340 升。第二代夏朗的车身技术来自帕萨特，其高度与上一代相比保持不变，车身却加长了，故而变得更加细长、宽敞。大众的模块化系统为新款夏朗提供了它所需要的一切：采用共轨技术的 TDI 发动机（目前最大功率为 184 匹马力）和 TSI 发动机（最大功率为 220 匹马力），带双离合的六挡或七挡变速器，如果顾客需要还可以选装四轮驱动版和高尔夫的仪表盘。2015 年的改款还引入了辅助驾驶系统。

截至 2017 年，第一代夏朗的产量约为 30 万辆，第二代夏朗的产量约为 28 万辆。

途安　2003—2015

大众的汽车品牌以诚信赢得了众多好评。大众可以自信地说："我们可能不是第一个推出全新车型的生产商，但是我们推出的产品一定是全面且可靠的。"

基于高尔夫构架的紧凑型小面包车：从一开始便坚持自己风格的途安。

2003 年在日内瓦展出的紧凑级家用面包车途安，无疑做到了这一承诺。基于其他生产商在这一类车型上的前车之鉴，大众不断改进车型，一经推出便取得了成功。第一款途安设计的基础同样源自 2003 年推出的高尔夫 V。这首先就保证了途安的技术可靠性。与高尔夫四代相比，途安的轴长加长了 99 毫米，底盘也做了改进，尤其是选用了多连杆悬架。

从外观上看，途安和高尔夫并没有太多相似之处。途安的运动性和车速并非其卖点，它实用而强大的功能才是吸引消费者的地方。

这款车主打家庭用途，设计相对内敛，宽敞的空间被包装得很有品位。大面积的侧窗、陡峭的车尾和缓缓倾斜的发动机盖使得整车构成了一幅和谐的画面。

与其他车型相比，途安更看重的是内部空间的利用。大众汽车尽全力优化空间，可提供第三排座椅（需要额外费用）。最后一排座椅可以放倒在后备厢地板上。内部空间可以灵活使用。如果把它当作货运车辆，将座椅完全折叠拆除后，途安的内容量可达 1,990 升。与大众系列的其他车型一样，客户可以在基础线、舒适线和高端线三种不同的配置系列中选择。标准安全配置包括驾驶员和前排乘客安全气囊、前排侧气囊、第一和第二排座椅的头部气囊以及 ESP。空调目前已经很普遍了，基本上在各个车上都是标准配置。良好的稳定性和一直被人称赞的做工为途安的成功做出了很大的贡献。

途安的发动机基本都是中庸的动力输出，可选配 1.9 TDI（100 匹马力）、两款 1.6 升汽油发动机——其中一款采用 FSI 技术，以及 2.0 升涡轮增压柴油发动机（140 匹马力）。这些发动机贯穿途安的整个生命周期，始终与当前的高尔夫系列保持一致。而来自高尔夫的天然气发动机，在途安、GTI 等高性能车型上就没有安装的必要了。

时隔 4 年，是时候该来点新的元素了。大众对车体前部进行了大幅度的升级，大灯、散热器格栅采用了质感很强的镀铬装饰，新的保险杠也让这款家用车更加现代化。尽管大众在家用车领域强调理性设计，但自 2007 年开始，仍然有一些前卫的产品出现：Cross 途安跟随当下的汽车界的潮流，玩起了越野车的造型元素，不过其离地间隙只比原版高出 10 毫米。黑色的轮拱和保护条让其外观看起来有了不错的升级。

　　途安的第二次改款发生在 2010 年，新的设计一直沿用了 5 年。该次改款主要在外观上模仿了刚刚亮相的新夏朗，并引入了现在最新的大众车标。对这款已经生产了 7 年的成功车型来说，已经没什么再去提升空间优化率和更换新发动机的必要了，已经有 160 万辆 Touran 走下了生产线。

第二代途安　2015 年至今

　　第一代途安发布 12 年后，它的接班人来了。当时大众已经发行高尔夫七代，新途安也有相应的设计。这意味着，新的模块化横置结构套件所带来的产品科技进步，甚至远高于消费者的期待。新颖的外观基于住房的风格：散热器格栅和大灯的宽带，重新设计的进气口，更强烈的轮廓侧壁和更大的尾灯。外形上看，途安像极了高尔夫 Sportsvan，但独特的第三侧窗设计令它有了自己的风格。

家庭使用的最爱：第二代途安。

新款途安的空间比上一代车型的更大——长度增加了 130 毫米。这更凸显了它作为一款宽敞的小型货车的特性。现在其后备厢的容积达到 743 升，拆卸后排座椅后容积可以达到 1,980 升。和每一款新车型一样，途安也提供了当下标准的辅助系统，包括拖车套件——对喜欢拖船拖车或房车拖车汽车驾驶的朋友来说，这是非常重要的一个改进。

开迪及其家族

大众在私人用车和商务用车之间的领域布局了一款车型——开迪。开迪在过去的几十年中，衍生出了一系列车型，其中有些至今仍在生产。有些开迪汽车是基于高尔夫开发的，有些则是基于 Polo 衍生而来的。1980 年，第一辆开迪其实就是高尔夫改装而来的，从二者的名字上便能看出联系（Caddy 意为高尔夫球童——译者注）。开迪不仅作为大众的第一辆皮卡车型而被载入史册，这款车型还有着更重要的特殊地位——开迪整车都是在南斯拉夫生产的。位于萨拉热窝的 TAS 公司为大众该款车型提供销售服务。

开迪系列配有基本款的柴油和汽油发动机（50 匹马力和 55 匹马力），其车身后部可用车厢封闭起来。其产量远远超过了沃尔夫斯堡工厂生产的第一代高尔夫的产量。但是在 1992 年的南斯拉夫战争中，工厂被迫停产了。除了在萨拉热窝，开迪在南非也生产了很多年。

南斯拉夫的开迪工厂停产后，大众花了 5 年时间才找好接班人。这一次大众将在国外工厂再次生产该类型汽车。当时的面包车和旅行车两个封闭版是基于 Polo 的技术并在西班牙（西雅特）制造的，而皮卡版则是斯柯达 Felicia 车型的换标版。1991 年，大众接手了这个传统的捷克品牌。直到现在，这款皮卡车仍是开迪系列中最后一款皮卡汽车。另外两款封闭版开迪的车身较高，和 Fridolin 一样，装载容积有 2,900 升，但仅有两个座位。有谁能料到，Polo 经过改款，还能作为商用车使用。

开迪家族（从左至右）：从一开始的"加盖"高尔夫，再到可载人载货两用的西雅特版本，最后成长为独立系列。

自 2004 年起，开迪的设计更为独立自主了。主要是基于途安的技术基础，同时又融入了第五代高尔夫的技术。这次开迪没有借鉴其他车型的外观，其新型

如今的开迪有两种长度版本，它的优势在于其广泛的适用性。

车厢有了 3,200 升立方米的容积，后来又推出了短轴距的家用版本。开迪一共有
4 款发动机可供选择，其中最为紧俏的是 104 匹马力的 TDI 发动机。越来越多的
私人买家开始对开迪感兴趣，希望能够置换掉之前的途安。长轴距的开迪尤为受
欢迎。2010 年，该系列的车型进行了彻底改款，搭载了 6 款全新的 TDI、TSI 发
动机。改款后的车型与 T5 的设计类似，外形棱角分明，简洁明了。2015 年开迪
又迎来了一次升级，可选配 8 款发动机，其中还可以选择天然气版本。当时开迪
与 T6 同时发布，强调了商用货车和商务用车间的通用性。开迪系列在两个领域
都取得了巨大的成功。

奢华轿车：辉腾、Arteon

辉腾　2002—2015

　　2001 年 12 月，当大众辉腾进军豪华级轿车市场时，市场反应极为热烈，不
过公众的反应主要是负面的，比如，这款车被称为大众时任首席执行官费迪南
德·皮耶希的"宠儿"，是根据他的个人需求量身定做的，与奥迪 A8 一齐改造
升级，但一辆"大众"的价格怎么可能超过 10 万欧元？这个名字本身也是一个
笑话，辉腾的名字源自希腊神话中太阳神之子法厄同。当时，法厄同因为想证明
自己是太阳神之子，遂驾驶着父亲的太阳战车四处狂奔，因为技术不佳对人间造
成了一场大灾难，最后被宙斯击落了。

　　大众希望扩大自己在所有车型领域的影响力，想要借助辉腾在顶级轿车领域
一展拳脚。我们先不谈辉腾的产量和盈利，单单是建造辉腾的著名的德累斯顿玻
璃工厂，便是一处世界闻名的景观。不过，这座工厂也遭受到了批评，毕竟在城
市中心建造一座汽车厂，不太符合环保理念。大众后来利用有轨电车来应对批评
的声音，厂区内所有的零件运送都由电车完成。

　　辉腾这般高品质、高价格的豪车，设计得如此严肃、克制，可谓相当大胆。
这也是辉腾与竞争对手的不同之处。它看起来像一个非常大的帕萨特，但并不

豪华级别的大众汽车：图为辉腾驶过德累斯顿壮观的"透明工厂"。

显得浮夸。更长（300毫米）、更宽（155毫米）、轴距大了113毫米，但高度却低了10毫米——这就是豪华轿车表现出的中上层阶级的尺寸。拉长的发动机盖、深邃的散热器格栅以及大尺寸的前大灯，从正面和侧面看都让人印象深刻。从背后观察辉腾也可以看出它与家族其他车型的区别和联系，其中相当大的灯组十分吸引人们的注意。辉腾的加长款车型是一款真正的豪华级轿车。额外的120毫米轴距让这款车显得十分庄重，这是一款标准的司乘车型，同时还有辉腾为自驾者准备的短轴车型。

当你真正驾驶这辆车时，所有最初的质疑声音都会被抛之脑后。测试报告证明，大众给出了顶级的驾驶舒适度。隔音、悬挂、空调等硬件是它跻身豪华车型的根本因素，而内饰也同样令人称赞。总而言之，大众叩响豪华品牌的这块敲门砖质量过硬。四个座位的空调均可单独调节，收音机、电话和车载电脑显示功能也均可预装。整体的内饰是实木、真皮和仿皮的有机结合，车内的显示屏则是经典的圆形。同时，该车型也已预装车距控制系统和车道变更辅助系统。

技术参数	辉腾 3.0 V6 TDI
生产类型	豪华轿车
生产时间	2014—2015 年
发动机	六缸直列，柴油机
排量	3.0 升
功率	245 匹马力
变速箱	六挡自动
驱动	四驱
重量	2,360 千克
最大速度	238 千米 / 小时

中国是辉腾的重要销售市场：图中是改款后的加长款辉腾，它在中国很受欢迎。

　　高强度的底盘保证了车辆运行的舒适性。带水平补偿的空气悬架、电子控制减震器和弯道稳定系统，这些复杂的设计通通用在了辉腾身上。上市伊始有 3 台发动机可供选择，最让人心潮澎湃的自然是马力巨大的 W12 发动机。这款发动机甚至引发了一场是否有必要批量生产超高性能发动机的争论。这款发动机后来不仅被用在了途锐车型上，更被宾利欧陆选配了。两个六缸发动机非常紧凑地排列成了 W 形。W12 共有 48 个气门，可在公路上提供 420 匹马力的动力，两吨重的辉腾每百千米加速可达 6.1 秒。带有托森差速器四驱系统全系标配，W12 款辉腾搭载的是五速自动变速箱。

　　另外两款配置分别是 231 匹马力的 V6 发动机和 310 匹马力的 V10 涡轮增压发动机。2004 年，又有两款发动机进入了辉腾的机舱，首先是折中方案 335 匹马力 V8，接着是更小排量的 225 匹马力 TDI 发动机。上市八年后，辉腾共售出 4 万辆，是一个不错的成绩。大众对辉腾做了一次谨慎的改款，使其更贴近大众车型家族的外观。2014 年，辉腾更新了全新的进气格栅，并增配了镀铬饰条。W12 款辉腾于 2013 年停产，其他车型于 2016 年全部停产，辉腾一共生产了 84,235 辆。在辉腾之后，德累斯顿的玻璃工厂目前正在开展电动车项目。

　　辉腾的产量并不算高，所以一开始被唱衰不无道理。不过，这也不能怪市场不喜欢豪华车，毕竟德累斯顿工厂的宾利车间一直热火朝天。在过去几年里，辉腾在中国的销量一直不错，但在美国遭到冷遇。在欧洲市场，同门奥迪 A8 一直压着辉腾一头。不过，凡是开辉腾的人都不舍得车身溅上一点泥土。

Arteon　2017 年至今

　　谁是大众品牌豪华级轿车的代表？有人说是辉腾，但与对手相比，辉腾的成绩并不耀眼。而人称超级帕萨特的大众 CC 也花了 8 年的时间来争取这一殊荣。不过，现在两者的光芒都被 Arteon 掩盖了。Arteon 是一款四门轿跑车，旨在同奥迪 A7、宝马 6 系和奔驰 CLS 争夺高端市场。

　　艺术体现在对空间的充分利用上，既要保留优雅的轿跑车轮廓，又要透露出豪华车的高级感，这会是怎样有趣的结合？ Arteon 有着 CC 一样的流线型车背，又有一些豪华车后部向上耸起的味道，这一点是通过后扰流板和腰线实现的。车头华丽、侧面动感，巨大的天窗一直延伸到车顶中后部，整辆车身过渡流畅、线条华美。

　　Arteon 凭借 4,862 毫米的车长和仅比辉腾少 50 毫米的 2,837 毫米轴距保证了车内空间；四个独立座椅舒适宽敞；仪表盘选用的是帕萨特的方案；CC 上都

令人印象深刻的轮廓外观：凭借 Arteon，大众占领了四座高级轿跑的市场。

有的实木和真皮内饰也没有缺席。在行业媒体的评测报告中，Arteon 的乘坐和驾驶舒适性均获好评。Arteon 的多媒体系统采用的是大众最先进的技术，可以直接通过手势控制。该车型还载有大量的辅助系统。

　　不过，从动力技术上来看，Arteon 本质上还是帕萨特的升级款，因为 Arteon 就是在埃姆登的帕萨特工厂内生产的，大众的模块化生产技术为其奠定了良好的基础。2017 年秋，Arteon 搭载的是两款四缸发动机，即 1.4TSI（150 匹马力）和 2.0TSI（180 匹马力）。2017 年，Arteon 斩获了豪华车级别的金方向盘奖，这证明了大众的选择非常正确。

技术参数	大众 Arteon 2.0 TSI
生产类型	豪华轿车
生产时间	2017 年至今
发动机	四缸直列
排量	2.0 升
功率	280 匹马力
变速箱	六挡全自动或双离合
驱动	四轮驱动
重量	1,640 千克
最大速度	250 千米 / 小时

运动型多用途汽车（SUV）：途观、途锐、探歌

第一代途锐 2002—2010

　　继豪华级轿车辉腾的实验之后，大众从 2002 年开始探索一个从未涉足过的车型领域——SUV。SUV 全称是 Sport Utility Vehicles，翻译过来的意思是运动型多用途车，这种车型在美国非常流行，常为五座和多座的大型车，机动性很强，也能在较为平坦的草地上行驶。几乎没有任何一个厂家甘愿落后。跑车厂商保时捷也想参与其中，大众也决定停止观望，于是两家汽车制造商决定共同开发一款 SUV，包括 2005 年上市的奥迪 Q7 也是这个项目的一部分。保时捷卡宴和大众途锐——两款以非洲游牧民族命名的 SUV——开始了各自的征程。

凭借 2002 年上市的途锐，大众成功打入利润丰厚的 SUV 市场。

在发动机和动力传输方面，保时捷和大众从一开始就有不同的理念。卡宴和途锐共享底盘和车身技术，并同时在位于布拉迪斯拉发的大众工厂进行生产（该工厂只负责保时捷卡宴的车身制造）。卡宴的定位较高，这也与保时捷的品牌价值相符。保时捷最初只使用设计的 V8 发动机，从 2009 年开始才使用大众旗下模块化的柴油机，并借此树立了其作为豪华车标杆的地位。大众也从一开始就将目标客户锁定在中上层阶级，推出了一系列五缸和六缸汽油发动机及柴油发动机。当然，两款车型的定价也不一样，虽然相差不大，但仍有一定距离。2003 年，作为入门级车型的途锐 V6 售价为 4.2 万欧元，相同性能的保时捷卡宴 S 售价则为 6 万欧元。

这两款车型从问世之初就大获成功，并一直保持生产。途锐为大众打开了进入 SUV 领域的大门，如今已经发展到第三代车型。自以高尔夫为基础开发的途观于 2007 年首发后，途锐虽然不再是大众 SUV 系列中的唯一产品，但是其无疑还处于领先地位。

仅仅从外观上就能分辨出保时捷和大众。更强调运动的保时捷刻意彰显着自己的宽大车身，其车头具有很强的视觉冲击力。大众则显得更加沉稳、和谐，前脸设计保持着两家品牌一贯的风格：镀铬的散热格栅中有两道横杠，硕大的品牌标志就位于格栅正中央；发动机盖、前大灯和保险杠相辅相成，构成了一个和谐的整体。

得益于 3 个倾斜角度小且面积大的侧窗，途锐虽然尺寸很大，但是并不显得碍眼。在车尾处，大面积的尾灯向四周延伸，并进入尾门，巧妙地划分了尾部的空间。毕竟在总长 4,754 毫米的长度里必须要装上宽 1.90 米、高 1.70 米的空间。宽敞、舒适和配备豪华配件是这个级别车型不可缺少的一部分。八缸版本甚至还采用了来自辉腾的无级变速空气悬架，而不是标准的螺旋弹簧——这充分表明了在豪华级别市场中，区分是极其明显的。

第一代途锐自重两吨多，有效载荷（包括乘客）为 720 千克，其拖拽能力也颇为不错，为 3.5 吨。因此，实用性——即 SUV 中的 U——是不可忽视的。作为一款牵引车，途锐也已经证明了自己的实力。

　　驾驶乐趣当然也非常重要。拥有 220 匹马力的 V6 作为入门级车型发动机，排量为 4.2 升、功率为 312 匹马力的 V8 在 2003 年装配，大众最初采取 V10 TDI（312 匹马力）作为其柴油机，从 2003 年开始将增加五缸 TDI（174 匹马力）。顶级引擎并没有让消费者等待很长时间。与辉腾一样，宾利同样在大众安装，W12 在 2005 年进入该项目：450 匹马力，6.0 升的发动机容量，100 千米加速只需要 5.9 秒，其真正的最高速度其实已经超出了出厂设置的 250 千米 / 小时的速度限制，而这款车的总重量仅仅为 3 吨。

　　显然，并不是每个人都承受得起每百千米消耗 15.9 升（实验室值）的高级汽油。事实上，在这个时候，公众其实也在进行一场关于 SUV 的消费讨论。但这丝毫没有阻止整个车系的畅销和持久的成功。另外，不一定非要 W12 发动机，9.75 万元的欧系车只有极少数量。无论谁选择了售价仅 4 万欧元的五缸 TDI（174 匹马力）途锐，都可以告诉一个可能仍然持怀疑态度的熟人："我的车每百千米油耗只有约 9.5 升。"

一款特别的途锐：限量系列名为 Luxus Limited，在改款后发布。

小型发动机有六速手动变速器，但通常配备六速自动变速器。前部的双三角叉臂和多连杆后桥使其底盘既适合公路行驶，又适合越野使用。四驱不可替换，中央差速器提供动力分配，减速器提供越野减速。

在最后 3 年里，途锐在 2007 年进行了小幅改造，即在外观上修改大灯和保险杠。更重要的是采用新的发动机，比如，采用 FSI 技术的 V6 发动机和 V6 TDI 发动机，目标是降低油耗。大众大型 SUV 的第一篇章是成功的，直到最后都是如此。途锐的总产量约为 40 万辆。

第二代途锐　2010—2018

第二代途锐虽然车型更大，但更轻，车身经过了空气动力学优化。对客户来说，这些都是极为重要的信息，也是给还在纠结于是否入手 SUV 的人的信息。2018 年，第二代途锐基本款的重量减少了 200 千克。轻量化的结构、高强度的钢材和简化的四轮驱动使一切成为可能。带减速和锁止功能的分动箱会按需分配动力，四驱系统则是全系标配。

此外，途锐混合动力发布了——也是一个全方位的信息，大众将向着更为环保的方向努力。大众的首款混合动力车型结合了 333 匹马力 TSI 架构的 V6 发动机和 34 千瓦的同步电动机，总输出功率达到 380 匹马力。储能由镍氢电池提供。它是一款双动力的混合动力车，所以配套了电驱系统。按照欧盟标准，其耗油量已降至每百千米 8.2 升，比 280 匹马力的纯汽油发动机少了 1.7 升。事实上，途锐混动版的需求依然疲软，可能也是因为 3.0 V6 TDI（240 匹马力）的油耗只有 9.1 升，混动版的优势并不明显。此外，从奥迪手中接过来的 V8 TDI 也可以作为第二款柴油发动机。

新车的第一个显著特点是包括透明玻璃大灯在内的车头，其前进气口明显增大。否则，它和前一个版本就没有区分度了。在车内，后排座椅可以纵向调节，用户可以享受到更大的后排空间，许多辅助系统也被进一步优化更新，其中包括车道辅助系统、雷达控制的车距控制系统，以及在显示屏上显示整车环境的摄像系统。现在还可以自动关闭远光灯，更准确地说应该是，自适应远光灯助手可以帮驾驶者完成自动关闭。2014 年的小改款提供了氙气大灯和改款外观，就像帕萨特装备的一样——在第三代车型到来之前，途锐一直保持着良好的状态。它拥有约 25 万辆的产量。

第二代途锐：平滑的车标让它比上一代更加低调。

第三代途锐　2018 年至今

在辉腾停产后，途锐顺利坐上了大众旗下产品的头把交椅。这一点通过外观清楚地展现在外界面前。外形的巨大升级体现在宽大的镀铬格栅以及 C 柱高度的腰线的调整上。不过，人们还是第一眼就能认出这是一辆途锐，因为尺寸的增加并不明显（77 毫米），轴距也没有变化。重量方面则减少了 106 千克。

柴油机也能符合欧 6D 标准的时代已经来临，其丑闻与尾气排放值并没有关系。V6 TDI 发动机的输出功率为 231 匹马力和 286 匹马力，经济节约款发动机上市后的每百千米油耗为 6.9 升（实验室值），与上一代相比，用同样的测量方法少了 2.3 升。V6 汽油发动机 (340 匹马力) 和 V8 涡轮增压柴油发动机 (421 匹马力) 在经济款发动机首发后也很快被推出。同时还推出了一款混合动力车型——插电式车型，系统输出功率为 367 匹马力，并采用全新的全轮驱动。

第三代途锐分为 3 个档次，基本款、豪华款和 R-Line 款（R-Line 是大众做中高端运动款的标志）都向消费者们传递出奢华的感觉。驾驶信息、通信和娱乐以及辅助系统以各式各样的方式展示出来，新款 LED 大灯似乎能与驾驶者一起思考，比如，在越野行驶时，大灯范围可以自动变宽。其售价自 6 万欧元起。

大众汽车的豪华级车型：第三代途锐在豪华车型中也属于顶级水平。

途观　始于 2007 年

大众之前一直没有推出过紧凑型城市 SUV。从丰田的 RAV4 到路虎极光，再到本田的 CR-V 和宝马 X3，紧凑型 SUV 在世界范围内刮起了一阵旋风。大众自然不能视而不见，所以，来自沃尔夫斯堡的途观来了。

　　大众入局虽晚，但也不算太迟。毕竟雪铁龙、标致、雷诺等厂家入局也不算太早，日产的逍客也没比途观早推出多少时日。所以，在途锐发布 5 年后，途观正式迈上了舞台（大众 SUV 均以 T 开头命名）。在德国刚一上市，途观就跃居销量排行榜前列。在随后的几年中，途观在德国的销量大约年均 5 万辆，占领了大约 12% 的 SUV 市场，迅速冲上了同品类第一的宝座。到 2017 年底，途观已经累计生产了 280 万辆。

　　途观的外观看起来并不惹眼，但整体比例让人赏心悦目。该车型仅有四门款。虽然源自高尔夫，但途观有自己的独到之处。这款 SUV 在车辆底部均配备了黑色的亚光保护条，主要是为了保护漆面在越野行驶中不受损伤。整体看来，车辆棱角分明，逐步上升的腰线增强了肌肉感的外观。发动机盖正好在前轮之上，与车辆中段形成了一个和谐的整体。途观有多种驾驶模式，牵引／越野模式在爬坡和恶劣路面上表现优异，而其在日常／运动模式下的表现更接近于轿车。

途观的外观很养眼，但对一款 SUV 来说并不张扬。

有谁会专门开着自己的车去越野吗？或者专门挑一些不好的路开？至少途观这一类车型的车主不会这样做。城市 SUV 的主要优点在于宽敞的乘坐环境。途观比高尔夫高出 186 毫米，比高尔夫旅行版高出 85 毫米，这就意味着为乘员头部留下更多的空间。在空间和做工备受好评的情况下，大众为途观制定了合理的价格策略。该系列在德国的起价为 27,200 欧元，这差不多可以买一辆配置低一些的帕萨特或顶级配置的高尔夫或途安。跟竞争对手比较的话，大众与本田、丰田的定价差不多，比主打性价比的日产略高一些。

至于越野能力，大众采用了电子四驱的模式。在平常情况下，途观是一款前驱车型。到了恶劣路面，可以通过 Haldex 离合器控制转换为四驱模式，这样可以应付一般的恶劣路面。但对高强度越野来说，途观的接近角度和离去角度有一点点小。不过，途观非常适合作为房车和小型游艇的拖车，即使是在湿滑路面上也表现不俗。

进一步发展并改头换面：第一代途观在 2011 年改款。

虽然技术脱胎于高尔夫，但是途观的车桥是基于帕萨特的版本，并经过了特殊强化，适合越野使用。该款紧凑型 SUV 搭载了 1.4 升和 2.0 升排量的 TSI 发动机，2.0 升版本有 170 匹马力和 200 匹马力可供选择，此外也提供了柴油发动机版本。作为途锐的小兄弟，途观用 "4Motion" 来表示四驱车是理所当然的。但从 2009 年开始，它不再全系标配四驱系统。大多数客户只是单纯为了更舒适的乘坐空间和更为高大的车体，对四驱系统并没有太多的追求。很多人说着 "我不需要四驱车"，其实主要原因还是四驱车贵了 1,400 欧元的缘故。不过四驱系统仍可选配。2011 年，途观进行了第一次改款，新的车型采用了七挡双离合变速器，顶级柴油发动机版本提升到了 210 匹马力。

随后，该系列进行了第二次小更新，但在 5 年之后，也就是该系列上市 9 年之后，第一代途观已经略显过时了。新一代途观更为宽大修长，高度也略微降低了一些。途观整体档次的提高，主要体现在加长了 80 毫米的轴距上。第二代途观采用了大众全新的模块化设计方案。整体来说，新款车型显得更有力量和气势。三根配有镀铬装饰条的车柱，加上新设计的宽大车灯，第二代途观的各方面设计都比第一代车型有所提升。新款途观展示了大众未来 SUV 的设计方向，在 2018 年也影响了途锐的换代升级。

Abbildung 6 新车尺寸：途观 II 也有 Allspace 车型。

除普通版外，还有更为运动的两款 R-line 前驱车型。全系共有 9 款发动机可供选择，从 125 匹马力（1.4TSI）到 240 匹马力（2.0TSI）不等。180 匹马力之上的版本基本都配有四轮驱动系统。一年之后，途观推出了名为 Allspace 的 210 毫米加长版。2019 年推出一款双门版运动型 SUV，也是首款混合动力途观。

技术参数	大众途观 Allspace 2.0 TSI
结构种类	SUV
建造时间	2017 年
发动机	四缸系列
排量	2.0 升
功率	220 匹马力
变速箱	六挡，双离合
驱动	四轮驱动
重量	1,594 千克
最高速度	223 千米 / 小时

探歌　2017 年至今

在紧凑型 SUV 中，途观十几年来始终如一没有太多变化，大受欢迎，可以称得上是一款经典车型。2017 年底，大众又为 SUV 旗下增加一款产品——探歌（T-Roc）。推出这款颇具运动风格的紧凑型 SUV，其实也是大众在效仿竞争对手。车型命名中的 T 指的是途锐和途观的传承，Roc 则是 Rock 简写，是摇滚、岩石和雄鹰的意思。

从原则上讲，开发工程师只需改变车架参数，然后通过集团的模块化交叉结构套件就能满足一切改动需求。平台由高尔夫提供，发动机产品线齐全。四轮驱动、七速双离合变速箱也很早就被引入了。目前的辅助系统应有尽有——但有些是额外收费的，其中包括城市紧急制动系统、行人检测、多角度碰撞检测和车道保持系统。

SUV 中的 "S" 代表着运动：T-Roc 清楚地表明了这一点——它采用了时尚的双色涂装方案，白色的车顶更显轻盈。

　　所有这些辅助系统在大众其他车型上也有。这款车最主要的特点是它柔顺的外观。T-Roc 散发着轻松的力量，前轮和后轮的突出拱形设计保证了力量感。这些力量通过柔和的曲线延展至前大灯和散热器格栅以及后灯。尽管车窗和四门相对较高，但设计上还是有一些类似轿跑的感觉——凸显了 SUV 中的运动元素（S），比途观多了一些动感。座椅位置够高，方便入座，空间条件比高尔夫好，比途观更为紧致。

　　在基本车型之上，T-Roc 有运动型、时尚型和 R-Line 3 个装备系列，外观非常动感。根据客户不同要求，可以选择不同的车顶颜色，以增强视觉效果。共有 6 款 115 匹马力至 190 匹马力的 TDI 和 TSI 发动机，以及与之匹配的手动和双离合变速箱可供选择。

　　不过，T-Roc 不会一直是大众旗下最小的 SUV。2018 年夏末，大众便公布了一款更小的 SUV，即基于 Polo 设计的 T-Cross 车型。

越野车和皮卡车：Iltis、太郎、Amarok

Iltis

　　这款越野车在大众系列中前无古人、后无来者，是一款有着自己故事的独特车型。最开始是为了替代德军的一款多功能车 DKM Munga 而推出的。Iltis 是在奥迪的总部英戈尔施塔特设计制造的。这款车与 Munga 的轴距相同，换装了四冲程发动机。这款车具备了优秀军车的所有素质，短悬挂，高离地间隙，短轴距，简单坚固的车轴，可以灵活地在各种路面上行驶。在动力方面，奥迪 1.7L、75 匹马力的发动机，配以可切换到后轮驱动的四驱系统，使 Iltis 可以满足多种需求。它还配有防滚架，以保护车内人员安全。

沙漠中的 Iltis：民用版本的价格不够有竞争力。

　　刚开始时，Iltis 仅在部队中服役，德军共订购了 8,800 辆该车型。之前的大众 181 型在军队中广受好评，Iltis 也是如此。后来，民众对越野车的兴趣逐渐提升，大众也想尝试像改装 181 型那样改装 Iltis。根据市场需求，大众为 Iltis 添加了布顶和车门。不过，这次大众的算盘落空了，35,225 马克的售价让人们望而却步。但在达喀尔拉力赛上的胜利让 Iltis 在大众博物馆内赢得了一席之地。在与德军的合同结束后，Iltis 的军旅生涯还没有结束，在 1984—1986 年间，加拿大庞巴迪公司为加拿大和比利时军方改装了多款 Iltis。

太郎　1989—1996

　　这辆车的需求性只能从理性层面上考虑。20 世纪 80 年代末，在大众以及所有其他德国制造商的产品系列中，缺少了一款一吨级有效载荷的坚固皮卡。为了能够快速服务市场，大众干脆直接购买皮卡产品。大众太郎其实就是丰田海拉克斯。它是在汉诺威工厂组装的，后来生产线搬到了埃姆登。该车型可选择四缸

商用车：几乎只有特别需求的用户才会对短驾驶室或长驾驶室的大众太郎感兴趣。

汽油和柴油款发动机，也可选配四轮驱动，还有 3 种尺寸的驾驶舱版本。丰富的选择性使其成了一款用途极为广泛且可靠的商用车。不为人知的是，在欧洲销售的太郎和海拉克斯其实都是在大众公司组装的。虽然如今大众太郎几乎被人们遗忘了，但它的产量其实也很可观。在 1989—1996 年间，太郎和海拉克斯两个品牌的车型产量都在 7 万辆左右。

Amarok　2010 年至今

大众皮卡的设计主要沿用了开迪的成功经验——在高尔夫或斯柯达等车型的基础上重新开发。大众 Amarok 是一款非常棒的皮卡车型。最初，这款在阿根廷制造（现在由汉诺威工厂制造）的皮卡获得了一定的成功。在大众太郎之后，越来越多的个人客户对皮卡感兴趣，尤其是有两排座位的皮卡在市场上备受青睐。跟其他皮卡车型，尤其是美国的皮卡相比，大众 Amarok 的外观内敛得多。

Amarok 的灵感来源于爱斯基摩神话中的狼，皮卡设计非常符合美国的传统生活方式。

本款车型可选配两款 140 匹马力或一款 180 匹马力的涡轮增压柴油发动机，

足够满足了人们的追求。基本款 1.15 吨的有效载荷和 3 吨的拖车载荷也足以满足商用需要。Amarok 沿用了大众之前的"4Motion"概念，简单坚固的底盘配上可以切换的四驱系统，造就了极其耐用的 Amarok。

　　时间流逝，Amarok 也迎来了属于自己的升级。在 2016 年的改款中，Amarok 加入了大量途锐的设计元素，提供了更为舒适的乘坐体验。同时，途锐的新型发动机（如 224 匹马力的 3.0 升排量 V6TDI 发动机）也装配在了 Amarok身上。Amarok 如今更注重个人消费市场。就算是在市政服务或其他商业用途上，人们也不会只选择最基本款的车型，所以，2016 年 Amarok 干脆取消了最简单的版本。驾驶舱底部的镀铬脚踏板不仅吸引了喜欢高级质感的买家，更可以优化底盘在越野驾驶时的强度。Amarok 有 Canyon 和 Aventura 两款细分车型，顾客可以按需选择配置。自此，Amarok 奠定了大众皮卡的地位。

第四章　世界各地的大众

　　"大众"是一个全球性的汽车品牌——不仅因为销往全世界的大众汽车闻名遐迩，还因为它几乎在所有国家都拥有自己的生产线。五大洲中的四大洲——除了大洋洲——都有大众的工厂。高尔夫是一款典型的世界性汽车，在全球各地都享有盛名。大众在世界各地出售多种汽车，但这些型号可能与在欧洲市场出

巴西大众公司在独立运营和设计方面独树一帜。大众客车作为 T1 和 T2 之间的过渡车型，充分证明了这一点。

售的大相径庭。目前，阿根廷、巴西、中国、印度、墨西哥、美国和南非的大众
工厂共计拥有 17 款自主车型，欧洲的 Polo、高尔夫和帕萨特一样都带有大众的
标志。考虑到地方法规、市场需求和购买力等因素，有些地区的车型虽然与欧洲
车型名称相同，但配置和设计有自己的风格。

　　巴西的大众工厂一直是独树一帜的典范。这也是大众很早成立的一个外国工
厂，早在 1953 年大众就开始在南美大陆建厂。当然，这一切的开端都与甲壳虫
系列有关，不久之后大众运输车和卡尔曼·吉亚 1200 也在巴西投入生产。 第一
款采用巴西本土独立设计的车型基于大众 1500 和大众 1600，它的梯形外观比它
的德国前辈更具现代性。巴西版大众 1600 甚至有四门款，这让人联想到了大众
411。在 1981 年之前，巴西生产的汽车一直搭载的是空气冷却的后置发动机。
1973 年，一款基于大众 1600 技术设计、搭载后置发动机的巴西原产大众汽
车——巴西利亚问世，它独特的外形备受瞩目。巴西自己的卡尔曼·吉亚 1600
版本和运动型双座车 SP2（1973 年）也赚足了眼球。

1972 年，在巴西生产的大众 1600TL。

猜想：这才是巴西人欣赏的卡尔曼·吉亚（1970 年）。

风格上的牛刀小试：大众巴西公司自建的经典轿跑车 SP2，销售期为 4 年。

自 1973 年投产的大众巴西利亚是发动机后置的紧凑型轿车，虽然名字与巴西首都一样，可它不像巴西的首都那样年轻又极具现代感。

高尔，既不是 Polo 也不是高尔夫

1981 年，当高尔夫和 Polo 在欧洲横空出世的时候，巴西大众汽车公司将目光投向了高尔，一款介于两者之间、正好适合巴西市场的车型。高尔发展到如今，已经是第五代产品了。2003 年，小型车大众 Fox 在巴西上市，甚至随后还被出口到欧洲。在新的 "Up！"系列投产之前，大众用 Fox 牢牢占领了小型车领域。而且它像 Polo 和高尔夫一样，在巴西本地能很快生产出来。由于 20 世

80 年代的南美经济危机，巴西大众汽车公司与福特巴西公司于 1987 年一起成立了 Autolatina 公司，这也是一些福特老款车型带着大众标志的原因。双方的合作一直持续到 1995 年。福特大众也在阿根廷生产和销售，且阿根廷的生产销售完全参照了巴西的模式。墨西哥则一直是甲壳虫的产地，也包括后来的新甲壳虫。此外，大众的第一款运输车在拉美国家也存在了很久。

高尔：巴西的本地车型，设计源自高尔夫和 Polo。图为高尔 2012 款。

首次尝试：在美国生产高尔夫并不适合持续发展。

　　甲壳虫在美国获得的巨大成功，从一开始就震惊了汽车界。不过在当时，预计要到 1978 年甲壳虫才能在美国生产。这时，在美国生产高尔夫（又称"兔子"）的想法被付诸实践。但是从长期来看，该项目并不成功。1987 年，威斯特摩兰工厂再次关闭。大众的停工期一直持续到 2010 年，届时位于田纳西州查塔努加的工厂将开工。这标志着大众汽车在美国的生产进入了一个新的、可持续发展的时代，也是一个属于美国特色车型的时代。

不一样的帕萨特

　　美国版帕萨特是在德国车型的基础上制造的，它们有着相似的设计，不过外观和配置却各有不同，美版帕萨特轴距加长了 100 毫米。此外，在美国，大众销售点还有第三方车型可供消费者选择。大众 Routan 是一款与美国克莱斯勒合作研发的 MPV 车型。2010 年推出的美版捷达是基于墨西哥高尔夫设计的。大众美国工厂生产的第二款车型是 2016 年问世的大型 SUV Atlas（大力神）。该车尺寸较大，但价格比欧版途锐便宜，也有前驱版本可供选择。大力神配备了一台 3.6 升排量的 V6 发动机，功率为 280 匹马力，配有八速自动变速箱。

过渡方案：2008 年在美国上市的大众 Routan 其实源于克莱斯勒旅行者。

海外分支：2010 年在美国上市的大众捷达，基于墨西哥版高尔夫。

墨西哥的几家工厂是大众集团公司的支柱——图为 2009 年，在 Fox 系列
生产线上生产的一辆速安（Suran）。

在中国的先锋之举

　　早在 1984 年，大众就已经开始在上海组装桑塔纳和帕萨特了。很快，汽车组装转变为全面生产。事实证明，该项目如预估一般具有高度的可持续性。如今看起来老气横秋的桑塔纳在中国的生产持续了 28 年。在中国，桑塔纳曾是出租车的专用车型，慢慢地普通人也开始购买桑塔纳。后来，桑塔纳 2000（1995年上市）和进一步开发的桑塔纳 3000（2004—2008 年）都与老款桑塔纳并行销售。 第一辆桑塔纳是中国开始大规模汽车生产的象征。

原型桑塔纳象征着大众汽车的装配已成为中国汽车生产的核心。

现代化的中国：图为 2001 年的北京街景，桑塔纳 2000 是其中一部分。

　　从大众汽车在中国的两个合资工厂——中国第一汽车集团有限公司（简称"一汽集团"）和上海汽车集团股份有限公司（简称"上汽集团"）来看，目前有3个系列车型由中国大众自己生产，其外观也与欧洲的车型有所不同。大众捷达由高尔夫衍生而来（大众宝来则是掀背车型），新桑塔纳与其衍生车型覆盖了中产阶级的消费需求，凌度和速腾则更受中上阶层的青睐。大众辉昂是一款顶配车型，它以欧洲辉腾为蓝本，以帕萨特为基础。还有许多其他在售车型则是从欧洲进口的。

中国车型帕萨特（此处为 2012 款）的配置与欧版的不同。

　　亚洲的市场早已不只与中国有关。大众位于印度浦那的新工厂（2015 年起）正在打造大众 Ameo，作为其首款自主车型。继中国之后，印度也是一个快速发展的市场，需要探索因地制宜的发展模式。这一发展模式在一定程度上也适用于俄罗斯：自 2008 年起开工的卡卢加工厂生产着加大版的 Polo。

未来在非洲？

　　早在 1951 年，第一辆在南非组装的甲壳虫问世，使埃滕哈赫工厂成为有史以来第一个大众外国工厂。在很长一段时间里，甲壳虫都非常受欢迎，随后高尔夫接替了这个角色。这款经过现代技术反复更新的 Citi Golf（南非版高尔夫）自1978 年投产以来已经生产了 31 年。如今四门式 Polo、捷达与一众欧洲知名车型都在南非本地组装生产。此外，大众在肯尼亚、尼日利亚和卢旺达都建有新工厂。大众相信，利用南非生产基地的主场优势，它一定可以征服非洲市场。

"永恒的"一代高尔夫：在南非，经典款高尔夫直至 2009 年才停产。

第五章　赛车运动中的大众

　　大众汽车与赛车运动——这是大众汽车品牌和汽车运动历史上浓墨重彩的一章。大众的消费者分布在各个阶层，因此，大众不遗余力地推广各项赛车竞技赛

Formel V kommt vom Hersteller in USA in Kit*-Form, d. h. der Monoposto-Körper in Rohrrahmenausführung mit Kunstharz-Verkleidung (Fiberglas) ist fertig montiert, jedoch ohne die erforderlichen VW-Aggregate sowie ohne Räder, Reifen und Batterie.
Der Zusammenbau unter Heranziehung der Original-VW-Teile kann sowohl mit gebrauchten wie auch neuen VW-Teilen (VW 1200) im Selbstbau erfolgen. Es kann aber auch bei dem autorisierten Formel-V-Händler oder -Stützpunkt das rennfertige Fahrzeug bezogen werden.
Sie haben also die Wahl
1. Bezug des Kits* in Original-Fabriks-Verpackung
2. Bezug des Kits sowie der hierzu erforderlichen VW-Aggregate sowie Räder, Reifen und Batterie
3. Kauf des rennfertigen Fahrzeuges.
In allen Fällen jedoch nur bei dem autorisierten Formel-V-Händler oder -Stützpunkt.

* Kit = Bausatz mit Bauanleitung

PORSCHE

Norddeutschland
Raffay & Co. · 2 Hamburg
P. M. Müller · 3 Hannover
Süddeutschland
Hahn Motorfahrzeuge GmbH · 7 Stuttgart
MAHAG · 8 München
West-Berlin
Eduard Winter · 1 Berlin

W 224 Printed in Germany

Dr.-Ing. h. c. F. Porsche KG. · Stuttgart-Zuffenhausen

谨慎的尝试：有了大众方程式赛车，大众也开始参与到赛车运动当中。图为一本来自保时捷的早期宣传册。

事，为专业赛车队提供服务，并认真地打造竞技团队。其中包括非常成功的世界拉力锦标赛、道途艰险的巴黎－达喀尔拉力赛和长期举办的三级方程式赛车，以及各种单项杯赛。这些活动都是在高尔夫、Polo 和尚酷以及以各式新型发动机问世后才引入的。在此之前的甲壳虫时代，大众几乎从来不考虑与赛车运动有关的话题。一些独立车手尝试驾驶甲壳虫参与了"环欧赛"等真正的长途拉力赛，并取得了一定的成绩。尤其到后期，"萨尔茨堡甲壳虫"引起了人们的关注，这是一款由大众 1302S 车型改装而来的奥地利进口赛车。

　　1965 年问世的大众方程式赛车 Formula V 是大众开始重视赛车运动的最早表现，尽管起初大众并没有想要参与赛车事业。一年后，Formula V Europa 协会

大众方程式赛车很快就流行起来。如图摄于 1968 年的纽博格林（Nürburgring）赛道。

成立，它是大众赛车运动（大众旗下的拉力赛车队）的前身。 当保时捷介绍这款小型方程式赛车时，观众才意识到，车名中的"V"不是罗马数字 5，而是代表着大众汽车（Volkswagen）。这款小型单座开轮式赛车的马达、变速箱和车轮悬架设计都让人惊叹不已，这些汽车硬件全部源自甲壳虫，另外有许多小型的专业公司负责组装这种轻型方程式赛车。

其实，这款在欧洲风靡了 15 年的赛车最初是由美国赛车运动爱好者发明的。杰出的美国赛车手也会驾驶 Formula V，比如，尼基·劳达（Niki Lauda）在 1969 年便参与了大众方程式的比赛。大约从 1970 年开始，大众正式开始维护 Formula V，并在 1971 年推出了新款赛车 Super V。Super V 的技术基础源自大众 1600 及大众 411/412。 这种方程式赛车的功率至少有 124 匹马力，并能达到 235 千米的最高时速（比如 1974 的 Kaimann Super V）。

1976 年，大众凭借自己的专业竞赛用车进入赛车领域，并通过具有吸引力的 One-make 赛事促进了其新车型的销售，随后也在这项竞技运动中站稳了脚跟。但在一级方程式（F1）和耐力世界锦标赛（这是兄弟公司奥迪的强项）中，大众并未涉足。

品牌赛事

对业余爱好者和极具天赋的青年选手而言，参与能负担得起的赛车运动是好事；对等待正赛的观众来说，这也是一个令人欣喜的变化。非正式比赛中扣人心弦的赛车场面不仅精彩，还能很快地使有天赋的选手脱颖而出。这就是品牌赛事如此令人着迷的原因。在欧洲，从 20 世纪 70 年代开始，就有各种各样的品牌赛事在周末举行。不仅仅是大众，其他的汽车制造商也积极参与其中。所有赛车的基本设置都是一样的，不会太过讲究，普通人也可以购买这些赛车。通过这种方式，许多人都可以参加赛车比赛展示自己的车技。观众们也非常喜欢这类赛事，即使有时也有撞车或者开到车道外的事故发生，但是由于低速和相应的安全装置，这些事故基本上都不严重。

　　大众青少年杯是 1976 年举办的第一个官方品牌赛事。以与量产版本类似的轿跑版尚酷为比赛用车，社会名流和经验不足的参赛者们就像未来的 F1 车手一般握着方向盘。当然，摇滚明星乌多·林登伯格（Udo Lindenberg）属于前者，后来的赛车手曼弗雷德·温克霍克（Manfred Winkelhock）则属于后者。不过，尚酷青少年杯赛只举办了一届就被高尔夫杯赛代替了。显然，高尔夫 GTI 是更好的营销对象，在发布初期它便引起了人们的极大兴趣。竞赛版高尔夫 GTI 只

即使在赛道上也仍然注重环保：竞速版尚酷以天然气为燃料。

对底盘进行了少量改动，其 16,500 马克的价格相当吸引人，这仅仅比量产版本的 GTI 贵 1,415 马克。对赛车新人来说，极具吸引力的一点是，每赢得一次比赛就会得到 3,000 马克的奖金。

高尔夫杯赛一直进行到 1982 年，随后 Polo 接替了比赛用车的角色，时间长达 6 年。最初，竞赛版 Polo 配备的是 88 匹马力的发动机。随后是配备 G-增压器发动机的 Polo G40，其马力为 112 匹。从那之后，大众的品牌赛事中断了 9 年，直到 1998 年才随着路波杯的举办重新开始。这类赛事也被称为赛车学校，因为参赛者都是青少年，而赛车则由量产车型改装而来。驾驶员在 125 匹马力的路波 GTI 上学习赛车技巧。2004 年，路波将接力棒重新交还给了 Polo。150 匹马力的 Polo 是青少年的竞速平台。2009 年，尚酷再次成为大众的比赛用车。尚酷装配的 2.0-TSI 发动机（235 匹马力）以天然气为动力，极具环保特性。 新甲壳虫也自 1999 年起加入大众品牌赛事，其复古的外观和 204 匹的马力都为赛车迷们提供了许多欢乐。

三级方程式赛车（F3）

虽然没有获得广泛关注，但是大众作为发动机制造商一直参与着 F3 赛事且备受重视。在 1979—2018 年间，除去几次间断，大众一直都参加了国际汽车联盟组织的欧洲 F3 锦标赛。多年来，大众的发动机一直是国家和国际级 F3 比赛的标杆。著名 F1 赛车手迈克尔·舒马赫（Michael Schumacher）在 1990 年赛季的德国三级方程式赛车中取得冠军。他在驾驶雷纳德－大众赛车（Reynard-VW）时表现出色，这也成为他进入 F1 赛事并开启他传奇职业生涯的敲门砖。早期的 F3 锦标赛赛车功率为 180 匹马力，为铝板黏合结构，如今的赛车则由碳纤维复合材料组成。在 F3 近 40 年的发展中，发动机功率并没有太多增长。直到 2018 年退出市场时，大众发动机的功率约为 225 匹马力，而 30 年前的大众发动机功率也有 180 匹马力。ATS、Dallara、Ralt 和 Reynard 都是十分信任大众发动机的赛车制造商，其中有几家厂商曾与著名发动机调校师和前赛车手西格弗里德·施皮茨（Siegfried Spieß）合作过。

顶级方程式赛车——达拉拉－大众（Dallara-VW）。图摄于 2009 年。

来自大众的动力：在三级方程式比赛中，车队的车一般会采用厂商的发动机。图为 20 世纪 80 年代问世的 Ralt RT 36 型赛车。

拉力赛

在拉力赛领域大众也表现不错。高尔夫和 Polo 在拉力赛领域的频繁亮相也为大众竞技奠定了良好的基础。早期的高尔夫 GTI 在 1980 年前后推出了两款车型，其马力分别为 138 匹和 171 匹。许多赛车手开着高尔夫 GTI 取得了不错的成绩，比如，阿尔芬·斯托克（Alfons Stock）和保罗·施穆克（Paul Schmuck）

"走错路"的 GTI：街道小钢炮高尔夫在国际拉力赛中也证明了自己的实力。

所在的队伍在 1981 年获得了德国拉力赛冠军，皮尔·埃克伦德（Peer Eklund）和汉斯·西尔万（Hans Sylvan）在 1980 年的蒙特卡洛拉力赛中获得了第五名。大众还在德国锦标赛中使用并未上市销售的工厂车并取得了令人称赞的名次。1986 年，高尔夫踏入了世界锦标赛的舞台，这象征着高尔夫 GTI 二代的时代来临了。此外，大众还参加了房车拉力赛并夺冠，赛车手分别是肯尼斯·埃里克森（Kenneth Eriksson）和彼得·迪克曼（Peter Dickmann），他们所驾驶的 GTI 马力开始为 194 匹，随后又提升至 214 匹。

越野版途锐

运动从来都伴随着风险——当大众决定参加越野拉力赛时便已明白，这是一种冒险。不过发生危险的可能性当然很低——在公众的印象中，只有 2000 年的巴黎 - 达喀尔拉力赛中发生了严重事故。如果不小心出了意外，输的不仅仅是比赛，更是车队名誉。但大众一直没有失败，反而十分成功。以途锐为基础开发的越野版途锐共分 3 个级别。越野版不需要与量产版接近，它的目标是针对不同的极端条件做好最佳准备。

越野版的途锐整体外观沿用了途锐的设计，但采用的是合成材料，整车重量只有 1,750 千克左右。它的底盘配有带两个减震器的双叉臂，故而行驶在沙坡和碎石路时也能保持平衡。为达到在赛道上也能快速更换的目的，汽车组装的重点落在了零部件上。大众特意使用了柴油发动机，配备的五缸 TDI 发动机就是要保证它的耐用性和持久性。较低的油耗意味着较小的油箱，以此降低的车身重量可以使驾驶更为轻松。

越野拉力赛本身便是一项非常有挑战的赛事。直到在 2009 年的第五届比赛中，车手吉尼尔·德维尔勒斯（Giniel de Villers）和德克·冯·齐泽维茨（Dirk von Zitzewitz）才代表大众取得了胜利。而后大众赢得了三连冠，在 2011 年的南美洲比赛中也同样如此。凭借着这些成功，大众汽车结束了越野拉力赛的征程。顺便说一句，越野版途锐并不是第一款在巴黎 - 达喀尔拉力赛中夺冠的大

技术参数	越野版途锐
生产类型	拉力车（汽车原型）
生产时间	2006 年 /2007 年
发动机	五缸直列
排量	2.5 升
功率	285 匹马力
变速箱	五挡，顺序式手动
驱动	四驱
重量	1,787 千克
最大速度	190 千米 / 小时

众汽车。大众 lltis，这款在大众历史上并不受重视且很少用于赛车运动的车，在 1980 年就获得了两次冠军！

Polo R WRC——四年，八个世界锦标赛冠军

2013 年，令人惊心动魄的长赛段拉力赛重新回到了传统的赛道上。大众旗下的车队"大众汽车运动"将下一个目标瞄准了世界拉力锦标赛。没有准确的语言可以用来形容大众是如何取得这些伟大成就的。连续 4 年，拉力赛车 Polo R WRC 都位于高性能赛车榜首，而大众也连续 4 次获得最佳赛车手和最佳品牌称号。塞巴斯蒂安·奥吉尔（Sébastian Ogier）便是大众赛车队中的英雄，他连续 4 年蝉联世界拉力锦标赛冠军。参赛车 Polo R WRC 配备 1.6 升燃油分层喷射发动机，通过顺序式六速变速箱可以在拉力赛道上达到 315 匹马力的动力，当然它也是一款四驱赛车。在赛级车退役后，专业的私人车队则将其改装为 272 匹马力的 Polo GTI R5 并继续使用。客户赛车项目对大众来说也是一个全新的业务开端。

一项2011年的研究显示，拉力版Polo如同标杆一般，自问世之初就占据了世界锦标赛的主导地位。

技术参数	Polo R WRC
生产类型	拉力赛车（少量生产）
生产时间	2016—2018 年
发动机	四缸直列
排量	1.6 升
功率	315 匹马力
变速箱	六挡，顺序式手动
驱动	四驱
重量	1,200 千克
最大速度	243 千米 / 小时

第六章　大众的未来之路

　　2013 年的 E-Golf 是大众汽车制造的第一个投入量产的电动车型，并在 2017 年进行了第一次车型更新优化。容量为 35.8 千瓦时的锂离子电池和同步电动机组成了自主开发的 E 套件。E-Golf 代表着电动车技术的现状，续航里程为 300 千米（根据"新标欧洲循环测试"的数据，这个数值在实际使用中通常会减少 1/3）。E-Golf 发动机位于前轴上，蓄电池和驱动系统位于车板上。其他表现中规中矩，扭矩（290 牛·米）和加速至 100 千米 / 小时（9.6 秒）。

百尺竿头更进一步：许多代高尔夫都是电动汽车技术的载体——图为是纯电动车型高尔夫三代 City Stromer。

全球气候变暖，温室效应越来越严重，自 2018 年起，电动汽车成为人们经常讨论的话题。自 2017 年推出改版后的 E-Golf 以来，该车型每天的产量在 70 台左右，比预计提高了一倍。不久后，大众将"Up！"车型改为第二款电动汽车，2017 年"Up！"在德国的价格为 2.7 万欧元或 3.6 万欧元——这是搭载汽油发动机同车型价格的两倍左右。

到目前为止，电动"Up！"主要用于城市内通勤，这也是目前纯电动车的主要应用领域。电动"Up！"在德国的价格是 26,900 欧元，是最便宜的"Up！"燃油车的 2.6 倍！2017 年，它在德国市场的销量约为 1,100 辆，占所售出电动汽车总量的 3%。种种迹象表明，下一代电动汽车很可能会在汽车的市场占有率上出现重大突破。

E-Golf 有五位前辈，在它之前的高尔夫六代 Blue-E-Motion 是其技术先驱。相比之下，高尔夫三代 City Stromer（1993 年）、高尔夫二代 City Stromer（1985 年）、高尔夫一代 City Stromer 和 1976 年的原版电动高尔夫，有着完全不同的设计理念。原版电动高尔夫身上还装有铅酸电池和直流电动机，重达 1.5 吨！而三代 City Stromers 实现了巨大的飞跃，并引入了制动能量回收。其续航能力已达 90 千米。所有的 City Stromers 都是小批量生产的，最多生产 120 辆。

随着帕萨特 GTE（图）和高尔夫 GTE 的出现，插电式混合动力汽车已经来到了人们的日常生活中。

混合动力车

与此同时，大众还推出了混合动力（燃油发动机加电动发动机）的汽车，这样从理论上讲续航就不是问题了。与电动车类似，在1990—1998年间，以高尔夫为基础的实验性车也有好几款。第一款投入量产的混合动力驱动车是2010年问世的途锐。2018年，帕萨特GTE和高尔夫GTE也出现在了价格表上（混动版高尔夫的价格和纯电版E-Golf的一样高）。这是两款可充电式混动车，电池可以通过外部装置重新充电，并且也和途锐一样可以储存制动能量。

两种方式：燃油发动机和电动发动机相互联合。

大众的两款插电式混合动力车可以单纯靠电动行驶50千米。在此基础上可计算出其每百千米油耗为1.6升。实际情况却不是如此。因为在大多数情况下，100千米范围内并没有充电设备，除了制动能量，电池得不到任何补充，因此实际的油耗要高得多。但它的价格还是很便宜的，所以有一定的市场需求。在高尔夫GTE中，电动机和四缸汽油发动机可分别产生110千瓦和150匹的动力，而

触手可及的电动未来：大众电动车I.D. Buzz（2019年上市）和I.D. Crozz。

在帕萨特 GTE 中的这两个数据分别是 160 千瓦和 218 匹。混合动力技术带来了额外的车身重量（帕萨特 GTE 为 340 千克）。混动车的前景目前来看还很不错，因为电动机和内燃机的技术进步都能在其身上得到应用。

逐步下降的燃料消耗

虽然备受批评，但是汽油发动机仍然有很大的发展潜力。无论使用何种测量方法，历代车型的油耗一直稳步降低。大众历代车型的油耗一直较低，尤其是早期采用柴油发动机的型号，而后来直喷技术给汽油发动机带来了质的飞跃。此外，大众是较早的天然气汽车供应商之一，当然也包括燃气版高尔夫。

2002 年的"1L"在人们的印象中是一个具有代表性的例子：一款双座测试车能量利用率极高，每百千米仅耗油 1 升。大众时任首席执行官费迪南德·皮耶希开着这辆车去参加股东大会，将油耗降到了更低。这辆车具有低、窄、轻（290 千克）、线条流畅（风阻系数值为 0.159）的特点，并装配了有着 0.3 升排量、8.5 匹马力的单缸柴油机和自动手动一体变速箱。在尽可能小的空间里做到最

测试阶段的节约奇迹：2002 年的"1L"指每百千米只需要 1 升柴油。

好——起初这款车并没有机会投入生产，但它逐渐被纳入了新的项目中。2013年的成果是 XL1，它是售价 10 万欧元左右且仅供应 200 辆的小批量产品。这款两座车采用混合动力驱动，仅凭 10 升柴油和一次电池充电就可行驶 550 千米。事实证明，这款车买主众多。

小批量生产：2013 年仅有 200 辆 XL1 可以购买。

电动汽车的未来

所有这些努力的结果是以 I.D. 为名的未来项目，大众即将推出的电动汽车不再是现有的、经过改装的车型（如高尔夫或"Up!"），而将会是全新的汽车。自 2019 年起，基本款的 I.D. 开始投入生产，其尺寸与高尔夫相当，续航里程为大众承诺的 400—600 千米。其他车型如 I.D.Buzz 和 I.D.Crozz 也随之问世——这便是大众汽车的观点：就算燃油发动机在短时间内无法被取代，电动汽车仍将占据重要地位。